Educação infantil e formação de professores

FUNDAÇÃO EDITORA DA UNESP

Presidente do Conselho Curador
Mário Sérgio Vasconcelos

Diretor-Presidente
José Castilho Marques Neto

Editor-Executivo
Jézio Hernani Bomfim Gutierre

Assessor Editorial
João Luís Ceccantini

Conselho Editorial Acadêmico
Alberto Tsuyoshi Ikeda
Áureo Busetto
Célia Aparecida Ferreira Tolentino
Eda Maria Góes
Elisabete Maniglia
Elisabeth Criscuolo Urbinati
Ildeberto Muniz de Almeida
Maria de Lourdes Ortiz Gandini Baldan
Nilson Ghirardello
Vicente Pleitez

Editores-Assistentes
Anderson Nobara
Jorge Pereira Filho
Leandro Rodrigues

HELOISA HELENA OLIVEIRA
DE AZEVEDO

Educação Infantil e formação de professores

Para além da separação cuidar-educar

© 2013 Editora Unesp

Direitos de publicação reservados à:
Fundação Editora da UNESP (FEU)
Praça da Sé, 108
01001-900 – São Paulo – SP
Tel.: (0xx11) 3242-7171
Fax: (0xx11) 3242-7172
www.editoraunesp.com.br
www.livrariaunesp.com.br
feu@editora.unesp.br

CIP – Brasil. Catalogação na publicação
Sindicato Nacional dos Editores de Livros, RJ

A987e

    Azevedo, Heloisa Helena Oliveira de. Educação Infantil e formação de professores: para além da separação cuidar-educar / Heloisa Helena Oliveira de Azevedo. – 1.ed. – São Paulo: Editora Unesp, 2013.

    ISBN 978-85-393-0404-2

    1. Educação de crianças.   2. Prática de ensino.   3. Professores – Formação I. Título.

13-00156   CDD: 372.2
                                                                CDU: 372.2

Editora afiliada:

À Louise, filha amada, meu tesouro maior, companheira de todas as horas.

À Samia e à Sarah, sobrinhas queridas, presenças constantes da infância em meu coração, mesmo a distância.

SUMÁRIO

Prefácio 9
Apresentação 13

1 A construção do conceito de infância:
   analisando a separação cuidar-educar 19
2 A formação de professores de Educação Infantil
   no contexto das políticas públicas: a construção
   do binômio cuidar-educar 69
3 O cuidar-educar segundo pesquisadores da área
   da Educação Infantil no Brasil 105
4 O cuidar-educar na visão de formadores de educadores
   de infância portugueses 137

Anexo 181
Referências bibliográficas 187

Prefácio

A problemática abordada, investigada e discutida no presente livro centra-se no *binômio cuidar-educar* e em suas implicações na formação inicial de professores de Educação Infantil. Muito embora desde o Encontro Técnico sobre Política de Formação do Professor de Educação Infantil, realizado na cidade de Belo Horizonte (MG), em 1994, vários pesquisadores e trabalhos na área venham enfatizando a necessidade de integrar cuidado e educação, ainda se constatam nesses quase vinte anos práticas pedagógicas que privilegiam ações de cuidar, bem como práticas que valorizam ações de educar. Isso revela concepções de criança e de Educação Infantil que separam, dissociam cuidado e educação, entendendo-os como dois aspectos do atendimento infantil passíveis de serem vivenciados separadamente. Assim, tal separação constitui-se como um dos principais obstáculos à melhoria da Educação Infantil em nosso país.

É nesse contexto problemático que devemos situar as contribuições desta obra, as quais vão desde as razões que influenciaram a construção do binômio cuidar-educar, como este vem sendo abordado e discutido na formação de futuros professores, até formas de superá-lo, segundo propostas de formadores brasileiros e portugueses que atuam e pesquisam na área da Educação Infantil.

Nesse sentido, o mérito e o espaço inovador do livro da professora Heloisa Azevedo para a área de Educação Infantil decorrem do fato de a autora ter desenvolvido e articulado três investigações, contextualizando-as e fundamentando-as em uma extensa revisão da literatura e das políticas públicas relativas àquela área, além de conferir especial atenção a ações e concepções de formadores de futuros professores para atuarem junto a crianças de até 6 anos. Isso porque a autora defende que, principalmente, *as concepções de criança e de Educação Infantil, manifestadas pelos formadores, influenciam/interferem de forma significativa na maneira de pensar e de atuar dos futuros professores sobre o binômio cuidar-educar.*

Assim, encontramos na sua primeira investigação resultados de análise de 39 trabalhos de pesquisa do Grupo de Trabalho 7 (Educação da Criança de até 6 anos de idade) da Associação Nacional de Pós-Graduação e Pesquisa em Educação (ANPEd) publicados no período de 1994 a 2003, concernentes à formação de professores de Educação Infantil, seus principais problemas e propostas pedagógicas que visam integrar cuidado e educação no atendimento àquelas crianças. Decorrente da análise das referências bibliográficas de tais trabalhos, na segunda investigação realizada pela professora Heloisa, foram selecionados os dez autores mais citados e, dentre estes, entrevistados cinco pesquisadores e formadores de professores de Educação Infantil, no sentido de aprofundar a problemática sobre o binômio cuidar-educar e, principalmente, sobre formas de superá-lo na formação inicial de professores de Educação Infantil. Finalmente, em sua terceira investigação, a referida professora desenvolve, em seu doutorado sanduíche, um período de estudos e de investigações na Universidade de Aveiro, Portugal, a fim de identificar como formadores portugueses abordam o binômio cuidar-educar na Educação Infantil.

Evidentemente, não cabe a mim, neste espaço, sintetizar os resultados de tais investigações, mas sim incentivar a leitura do livro da professora Heloisa, que julgo ser imprescindível para os professores e demais professores que atuam, pesquisam e formam novos professores na/para a Educação Infantil deste país.

No entanto, na qualidade de ex-orientadora da dissertação de mestrado e da tese de doutorado da professora Heloisa, quero evidenciar alguns aportes teórico-metodológicos por ela adotados em tais produções, os quais têm, também, marcado suas outras atuações formativas e de investigação na área da Educação Infantil, a fim de salientar o seu compromisso acadêmico e político com essa área.

Dessa maneira, é importante destacar que, ao longo da leitura deste livro, vocês, leitores e leitoras, encontrarão uma tendência crítica de Educação Infantil, de perspectiva histórico-cultural de desenvolvimento humano, com ênfase em três categorias temáticas: concepção de criança, concepção de Educação Infantil e a problemática da relação teoria-prática na formação docente. Além disso, encontrarão críticas bem formuladas ao modelo tradicional e histórico de formação de professores – o modelo pautado na racionalidade técnica – que enfatiza a dicotomia teoria-prática, em contraposição a modelos formativos que enfatizam reflexões sobre a prática docente, para melhor articular a necessária base teórica educacional com complexidades que a própria prática pedagógica nos impõe.

Apesar de o modelo de formação de professores de Educação Infantil ser ainda pautado na racionalidade técnica, a professora Heloisa nos revela que maior do que esse obstáculo para a superação do binômio cuidar-educar é nos defrontarmos com a ausência de reconhecimento profissional e social de tais professores em nosso país, explorando uma discussão relevante sobre a questão da professoridade de tais professores e do papel dos formadores nesse quesito.

Por tais razões, reforço a indicação do presente livro a todos aqueles que labutam na Educação Infantil neste país, seja atuando como, seja se formando para, seja pesquisando sobre. Nesse sentido, é sempre bom lembrar o que nos fala Charlot em sua obra *Da relação com o saber*:

> Nascer, aprender, é entrar em um conjunto de relações e processos que constituem um sistema de sentido, no qual se diz quem eu sou, quem é o mundo, quem são os outros. Esse sistema se ela-

bora no próprio movimento através do qual eu me construo e sou construído pelos outros, esse movimento longo, complexo, nunca completamente acabado, que é chamado educação.[1]

Na criança que fui, e que se mantém ainda presente em mim, na acadêmica que sou e continuarei sendo, pelo menos por mais alguns anos, agradeço à professora Heloisa por ter-me introduzido nessa importante temática, a da Educação Infantil. Embora sendo pesquisadora na área de formação de professores, com especialidade em Química, conheci, através do processo que compartilhei com ela, os mesmos problemas de formação de professores que afligem a minha área específica. Também aprendi algo muito importante como formadora de professores de Química: se as crianças de até 6 anos não tiverem incentivo à sua criatividade, não se sentirem desafiadas a aprender, não forem cuidadas e amadas, se não forem estimuladas a se ajudar e a participar em comunidade de discussões sobre o que será de suas vidas neste planeta e como elas o manterão, se nada disso ocorrer, não terá o mínimo sentido eu e meus pares tentarmos, em futuro próximo, ensiná-las a preservá--lo. Isso tudo dependerá de suas professoras de Educação Infantil. E esta obra, certamente, provocará reflexões que nos motivam e nos ajudam a planejar e a implementar melhorias na Educação, porque aborda o básico: as nossas crianças.

Roseli Pacheco Schnetzler
Professora titular do Programa de Pós-Graduação
em Educação da Universidade Metodista
de Piracicaba (Unimep)

---

1 Charlot, *Da relação com o saber*, p.53.

Apresentação

A educação escolar do mundo contemporâneo tem sido marcada pelo crescimento quantitativo dos sistemas de ensino, os quais não têm correspondido com resultados formativos adequados às necessidades da população envolvida, nem às exigências das demandas sociais. Aliado a isso, os diagnósticos produzidos por pesquisadores brasileiros da área da formação de professores concluem que a formação inicial oferecida em diferentes instituições não tem sido satisfatória e apontam para a necessidade de mudanças urgentes.

Em estudo por nós realizado anteriormente, no qual abordamos as necessidades formativas de professoras de Educação Infantil, foi possível constatar que suas necessidades decorrem da ineficácia/inadequação do modelo de formação docente, pautado na racionalidade técnica ao qual foram submetidas, limitando sua compreensão sobre as teorias abordadas no curso de formação inicial,[1] reduzindo-as à mera aplicação prática. Foi possível constatar, ainda, que a crença na indissociabilidade cuidado-educação,

---

1 Referimo-nos como "formação inicial" ao curso de Pedagogia, oferecido em Nível Superior, que forma professores para atuar na Educação Infantil e Séries Iniciais do Ensino Fundamental.

embora esteja presente em seus discursos, não se revela na prática pedagógica por elas desenvolvida com as crianças.

Ainda hoje observamos no interior das instituições de atendimento infantil práticas pedagógicas caracterizadas ora como românticas, ora como cognitivistas, ou seja, a primeira privilegiando ações de "cuidar" – limitadas a dar banho, fazer higiene, alimentar etc., principalmente no caso das crianças menores de 3 anos – e a segunda valorizando ações de "educar", entendidas apenas como "ensinar" leitura, escrita e conteúdos escolares às crianças de 4 a 5 anos. Em outras palavras, são práticas que revelam concepções de criança e Educação Infantil que separam/dissociam cuidado e educação, entendendo-os como aspectos distintos no atendimento infantil, portanto, passíveis de serem vivenciados separadamente.

A adequada compreensão da indissociabilidade cuidado-educação é meta que se tem pretendido alcançar, nos últimos quinze anos, na realização do trabalho educativo com crianças de até 5 anos na realidade brasileira. Discutiram-se exaustivamente, em diversos fóruns de debates sobre educação, propostas de reformulação na formação de professores de Educação Infantil que privilegiassem a integração cuidado-educação. Entretanto, após vários anos de intensos debates, ainda observamos no interior das instituições de Educação Infantil práticas pedagógicas que revelam uma compreensão dicotômica de cuidado e educação por parte dos professores que lá atuam.

Assim como a formação docente, a concepção de criança e a forma de atendimento a ela dispensado também passaram por revisões significativas ao longo da história. O desenvolvimento de pesquisas na área da Educação Infantil tem contribuído de forma pontual para que se (re)construa o olhar anteriormente lançado à criança, reconhecendo-a, hoje, como um ser histórico e social, inserida em uma determinada cultura, um ser em desenvolvimento, que já faz parte da sociedade, que já é cidadã.

Ao longo da história das sociedades, da família e da educação, mudamos de uma concepção de criança como um *adulto em miniatura* para uma de criança como *ser histórico e social*, de um atendi-

EDUCAÇÃO INFANTIL E FORMAÇÃO DE PROFESSORES 15

mento feito em *asilos*, por adultos que *apenas gostassem de cuidar*, para um feito em uma *instituição educativa*, por um professor do qual hoje se exige *formação profissional adequada* para lidar com as crianças.

Quando se começou a pensar em cuidar da infância, o termo "cuidar" estava associado à ideia de "proteger" um ser frágil e indefeso. Às instituições de Educação Infantil, em sua origem, foi atribuído caráter assistencial, em função da classe social das crianças que atendiam, isto é, crianças abandonadas que necessitavam de cuidados e proteção. Mas, de acordo com os dados históricos, mesmo aquelas instituições que acolhiam crianças pobres, com a função social de filantropia, ofereciam algum tipo de educação, embora não houvesse intenção declarada de fazê-lo. Isso mostra que os adultos que lidavam com elas ao mesmo tempo que pensavam que apenas delas cuidavam, também estavam transmitindo a elas valores, crenças, modos culturais de convivência, ou seja, estavam educando-as. Tal determinação histórica revela a repercussão desse caráter assistencial de atendimento na formação dos professores, origem da construção de uma visão dicotômica desse atendimento.

Procurando a superação de tais concepções, as propostas de formação de professores, especialmente para atuar na Educação Infantil, têm ressaltado a necessidade de um perfil de professor para atuar na educação básica que seja capaz de atender às necessidades de educação das crianças de forma integrada, isto é, reconhecendo que nesta educação o cuidado está implícito, não sendo necessário questionar se ora se deve "cuidar" e ora se deve "educar" as crianças, independentemente de sua faixa etária.

A pesquisa que realizamos sobre a formação de professores de Educação Infantil[2] constatou que *existe uma dupla imagem cristalizada do adulto que lida com crianças na instituição*. A primeira é o modelo do *adulto maternal* que apenas *"cuida"* de crianças de até

---

2 Azevedo, *Formação inicial de professores de Educação Infantil: desmistificando a separação cuidar-educar*.

3 anos, do qual não se exige formação adequada. A outra é o da *professora*, formada para *"ensinar"* (alfabetizar) as crianças de 4 a 5 anos. Ressaltamos, ainda, a importância da valorização, na formação inicial, da construção de uma visão de continuidade na passagem da criança da Educação Infantil para os anos iniciais do Ensino Fundamental, no sentido de que ambas se beneficiem de tal prática, especificamente no que se refere à aprendizagem, ao desenvolvimento e à ampliação dos conhecimentos infantis, assim como à organização do trabalho pedagógico dos professores.

Observa-se que essa visão estanque entre Educação Infantil e anos iniciais do Ensino Fundamental na formação inicial dos professores reforça a imagem da "professora que ensina conteúdos", tomando ares de superioridade em relação às professoras da Educação Infantil. Essa dualidade do professor, construída historicamente, configura um grande obstáculo à valorização social de professores desses dois níveis de ensino, enquanto integrantes de uma mesma categoria profissional, ou seja, dificulta a compreensão de que todos são igualmente "professores", atuando na Educação Infantil ou nos anos iniciais do Ensino Fundamental.

Como podemos verificar, a compreensão dicotômica de cuidado e educação provoca uma fragmentação não apenas entre os professores da Educação Infantil (creche: até 3 anos e pré-escola: 4 a 5 anos), mas se estende aos anos iniciais do Ensino Fundamental, pela propagação de uma visão romântica a respeito da Educação Infantil, compreendida como etapa que não oferece contribuições efetivas para a continuidade da vida escolar das crianças ao ingressarem no Ensino Fundamental.

Dentre as discussões relevantes para a área no momento atual, ressalta-se, também, a importância da articulação da Educação Infantil com o Ensino Fundamental, no intuito de que a Educação Infantil, como etapa inicial da educação básica e anterior ao Ensino Fundamental, seja vista, sim, como contribuição à escola fundamental, mas não como etapa "preparatória" apenas no que se refere ao aprendizado da leitura e escrita, a qual será exigida das crianças pelas professoras dos anos iniciais do Ensino Fundamental.

Diante disso, pensamos que é premente considerar a instituição de Educação Infantil como *escola*, a criança como *aluno* e o professor que lá atua como *professor*, sob pena de estarmos negando a função social da escola, historicamente construída como espaço "ensino" e de "aprendizagem". Se a instituição de Educação Infantil não é "escola", não tem "aluno" nem "professor", como deveríamos, então, denominar esse lugar?

Isso nos remete às seguintes indagações: como têm sido formados os professores de Educação Infantil no que se refere à construção de suas concepções de criança e Educação Infantil? O que tem sido feito no nível da formação inicial para desmistificar a separação cuidar-educar, uma vez que esta tem sido discutida exaustivamente na literatura da área nos últimos quinze anos?

Assim, o que enfatizamos nas discussões deste livro é que *as concepções de criança e de Educação Infantil, propagadas pelos formadores, influenciam/interferem de forma significativa na maneira de pensar dos futuros professores sobre o binômio cuidar-educar, refletindo, posteriormente, em sua prática pedagógica e na construção de sua profissionalidade.*

Com base em tal ideia, apresentamos este livro com a seguinte estrutura:

No primeiro capítulo – "A construção do conceito de infância: analisando a separação cuidar-educar" –, discutimos e analisamos como surgiu e evoluiu o conceito de infância, no mundo e no Brasil, a partir de uma revisão histórica da literatura, e resgatamos, ainda, a história do atendimento à criança pequena no Brasil e as mudanças nas concepções de infância e Educação Infantil, com vistas à compreensão de como se construiu o binômio cuidar-educar.

No segundo capítulo – "A formação dos professores de Educação Infantil no contexto das políticas públicas: a construção do binômio cuidar-educar" –, abordamos a problemática da formação dos professores de Educação Infantil, ressaltando a trajetória de formação desses professores no nível das políticas públicas e os modelos de formação que têm sido propostos para estes. Tratamos também da questão do cuidar-educar na formação dos professores, refletindo sobre como a história daquela formação docente influenciou a construção desse binômio.

No terceiro capítulo – "O cuidar-educar segundo pesquisadores da área da Educação Infantil no Brasil" –, analisamos entrevistas realizadas com cinco formadores brasileiros, que expõem suas concepções e estratégias de ação voltadas para a formação de professores de Educação Infantil, em especial, para a questão da separação cuidado-educação. Em seguida, discutimos as propostas desses formadores para a superação do binômio cuidar-educar.

No quarto capítulo – "O cuidar-educar na visão de formadores de educadores de infância portugueses" –, situamos a Educação Infantil no contexto das políticas públicas para a educação em Portugal, apresentando aspectos da formação realizada na Licenciatura em Educação de Infância da Universidade de Aveiro e, por fim, analisamos as entrevistas feitas com três formadores portugueses, docentes da referida universidade, sobre suas concepções de criança, perfil profissional e relação teoria-prática na formação docente.

Finalmente, mas sem a pretensão de esgotar a discussão sobre o tema, fazemos nossas reflexões e construções acerca do problema da separação entre cuidado e educação na Educação Infantil, com o objetivo de apontar possibilidades de superação do referido problema, tendo plena consciência de que este é apenas um entre tantos que afetam a educação das crianças pequenas e que sua superação não garantirá, por si só, a almejada definição da especificidade da Educação Infantil, mas nos ajudará a avançar nessa direção. Ressaltamos, por fim, o importante papel dos formadores nesse enfrentamento, na expectativa de estimular debates e reflexões que possam ampliar as ideias aqui construídas.

1
A CONSTRUÇÃO DO CONCEITO DE INFÂNCIA: ANALISANDO A SEPARAÇÃO CUIDAR-EDUCAR

Todos nós que estamos cotidianamente em contato com crianças temos concepções já construídas a seu respeito. Se formos solicitados a fazer uma caracterização a respeito, não haveria dificuldade em relacionar uma série de adjetivos para descrevê-las. Certamente, teríamos referências aos aspectos da inocência, fantasia ou espontaneidade, que, segundo nossas visões, lhes são próprios. Mas seriam essas características próprias da criança? Dito de outra forma: seriam, de fato, comuns a toda criança? E, ainda, o que nos leva a ter determinado sentimento ou comportamento em relação à criança?

Considero que a retomada de alguns momentos significativos da história das sociedades possa nos ajudar a entender como surgiu o conceito de infância e as assimilações que hoje fazemos sobre isso. Em outras palavras, é de fundamental importância resgatar como surgiu esse "moderno sentimento de infância",[1] no mundo e no Brasil, assim como as formas de atenção voltadas à criança desde a sociedade antiga até nossos dias, a fim de compreendermos como se construiu a ideia da separação cuidar-educar na Educação Infantil; esse é o objetivo do presente capítulo.

---

1 Ariès, *História social da criança e da família.*

Sempre existiu infância? O surgimento de um conceito

O termo "infância" é, hoje, para nós, bastante conhecido e corriqueiro. Em nossa sociedade é usado para identificar a fase inicial da vida do indivíduo, período em que ele ainda necessita de cuidados e atenção devido ao seu pouco tempo de estada no mundo. Por outro lado, o termo "infância" e suas derivações – "infantil" ou "infantilidade" – são utilizados, em determinadas situações, de modo pejorativo como, por exemplo, para fazer uma crítica negativa ao comportamento de um adulto que tenha agido de maneira imatura, instintiva, sem pensar, ou seja, tal qual agiria um indivíduo de pouca idade, ainda desprovido de razão, inexperiente, ingênuo, frágil: uma criança.

Vemos a criança como alguém diferente do adulto apenas por seu tamanho, pouca experiência de vida, ingenuidade, fragilidade e que, por tal motivo, necessita ser cuidada e educada, até que amadureça, torne-se independente fisicamente e capaz de agir de modo racional.

Considerada por muitos como período de transição para a adolescência e juventude e marcada pela brevidade, a infância – do vocabulário latino *infantia*: "idade até os sete anos", caracterizada pela "falta de eloquência" e "dificuldade de explicar-se" – é tida como um período da vida humana em que a criança é incapaz de falar de si mesma e de discernir, encontrando-se totalmente dependente dos adultos.[2]

Mas será que essa é a única visão que nossa sociedade tem da criança? Evidentemente, falávamos de uma criança inserida em um determinado contexto sociocultural, político e econômico, mas se mudarmos de contexto, encontraremos outras crianças, com experiências de vida diferenciadas que, embora também pequenas em sua estatura, talvez não sejam concebidas como tão inexperientes

---

2 Monarca, *Educação da infância brasileira 1875-1983*, p.1-2.

EDUCAÇÃO INFANTIL E FORMAÇÃO DE PROFESSORES **21**

e ingênuas. Segundo Prout e James,[3] "a imaturidade das crianças é um fato biológico, mas a forma como ela é compreendida e se lhe atribuem significados é um fato da cultura". Heywood complementa essa ideia ressaltando que "a criança é um constructo social que se transforma com o passar do tempo e, não menos importante, varia entre grupos sociais e étnicos, dentro de qualquer sociedade".[4]

Então, as crianças não são todas iguais? Não existe um modelo padrão de criança? Nem todas vivenciam a sua infância de forma feliz e prazerosa como a sociedade contemporânea costuma pregar? Sendo assim, podemos dizer que não existe uma, mas várias concepções de criança?

Essas questões são instigadoras de nossa procura de conhecimento acerca do surgimento do "sentimento de infância" e de como temos formulado, ao longo da história, as concepções/sentimentos/imagens que temos de criança. Acreditamos que muitas das questões que nos fazemos e dos mitos que construímos acerca desse tema podem ser mais bem esclarecidos se tivermos informações históricas adequadas.

Tentamos refazer esse percurso histórico apoiado em autores como Ariès,[5] Badinter,[6] Kramer, Gagnebin, Marcílio, Kuhlmann Jr., Del Priore, Monarca,[7] Corazza,[8] Heywood[9] e outros, que desenvolveram estudos sobre a história das sociedades, da família e da infância, inclusive a brasileira, a partir de levantamentos bibliográficos e de pesquisas documentais sobre o tema.

---

3 Apud Heywood, *Uma história da infância*, p.12.

4 Heywood, *Uma história da infância*, p.21.

5 Ariès, op. cit.

6 Cf. Badinter, *Um amor conquistado – o mito do amor materno*; Kramer, *A política do pré-escolar no Brasil: a arte do disfarce*; Gagnebin, *Sete aulas sobre linguagem, memória e história*; Marcílio, A roda dos expostos e a criança abandonada na História do Brasil. In: Freitas (org.), *História social da infância no Brasil*; Kuhlmann Jr., *Infância e educação infantil*; Del Priore, *História da criança no Brasil*.

7 Monarca, op. cit.

8 Corazza, *Infância & educação*.

9 Heywood, op. cit.

Assim, tentamos destacar da produção desses autores, numa ordem cronológica da história, os principais fatos/eventos/momentos que, de alguma maneira, marcaram a vida das sociedades e, consequentemente, da família, influenciando na construção dessa nossa visão de infância.

Gagnebin,[10] ao apresentar a relação entre infância e o pensamento filosófico da Antiguidade, aponta duas grandes linhas orientadoras de sua exposição, ambas nascidas em Platão. A primeira, representativa do racionalismo cartesiano, atravessa a pedagogia cristã com Santo Agostinho e nos diz que

> a infância é um mal necessário, uma condição próxima do estado animalesco e primitivo, e que, como as crianças são seres privados de razão, elas devem ser corrigidas nas suas tendências selvagens, irrefletidas e egoístas que ameaçam a construção consensual da cidade humana graças à edificação racional, o que pressupõe o sacrifício das paixões imediatas e destrutivas.[11]

A segunda linha, que atravessa o renascimento com Montaigne e chega a nossas escolas por meio do romantismo de Rousseau, afirma que

> não serve de nada querer encher as crianças de ensinamentos, de regras, de normas, de conteúdos, mas que a verdadeira educação consiste muito mais num preparo adequado de suas almas para que se possa, por um impulso próprio e *natural*, crescer e se desenvolver a inteligência de cada criança, no respeito do ritmo e dos interesses próprios de cada uma em particular.[12]

Embora pareçam contraditórias, as duas linhas refletem o discurso pedagógico de Platão, que nos assegura que as crianças

---

10 Gagnebin, *Sete aulas sobre linguagem, memória e história*.
11 Apud ibid., p.85.
12 Gagnebin, *Sete aulas sobre linguagem, memória e história*, p.85.

EDUCAÇÃO INFANTIL E FORMAÇÃO DE PROFESSORES 23

como as ovelhas não podem ficar sem pastor, senão se perdem, assim também e mais ainda nenhuma criança pode ficar sem alguém que a vigie e controle em todos os seus movimentos, pois a "criança é de todos os animais o mais intratável, na medida em que seu pensamento, ao mesmo tempo cheio de potencialidades e sem nenhuma orientação reta ainda, o torna mais ardiloso, o mais hábil e o mais atrevido de todos os bichos".[13]

Na mesma linha de pensamento, Santo Agostinho via na infância

a selvageria brutal do animal e a disponibilidade, simultaneamente infinita e latente, do homem para o mal. Ela é o testemunho vergonhoso do pecado que nos marca, já ao nascer, e contra o qual só podemos tentar lutar quando sairmos dela, quando pudermos entender os conselhos bondosos de nossos pais e lhes responder pelas nossas palavras e pelas nossas ações.[14]

Assim como Platão e Santo Agostinho, Descartes considera que a infância constitui "um enraizamento tenaz e infeliz no marasmo da não razão", um lugar de perdição e de confusão. Para o pai do racionalismo moderno, a infância é o principal território do erro, do preconceito, da crença cega e de todos os vícios do pensamento dos quais devemos nos libertar.[15]

Esse retorno ao pensamento dos filósofos da Antiguidade sobre a criança revela, aos nossos olhos "modernos", um sentimento de repugnância em relação a elas, rejeição pelo que elas "ainda não tinham". Melhor seria se pudessem nascer adultas, já de posse do pleno uso da razão, pois o "defeito" mais grave que eles apontavam na criança é o fato de ela ser desprovida de razão, isto é, desprovida de *logos* – linguagem e razão –, cabendo à escola "transformar esses pequenos seres egoístas, tirânicos e choraminguentos em homens

---

13 Ibid., p.85-6.
14 Ibid., p.87.
15 Ibid.

dotados de linguagem, isto é, capazes de pensar e agir racionalmente, de se tornarem cidadãos responsáveis e independentes".[16]

Essa relação entre infância e pensamento filosófico, segundo Gagnebin, se constitui por meio de dois conceitos principais, a saber: natureza e razão. Existia, nessa maneira de pensar, de um lado uma confiança na pureza e no poder da razão (*rastro da inteligência divina em nossa alma*), de outro uma desconfiança em relação à natureza humana, uma vez que esta tinha a marca do pecado e do erro, o que levou à interpretação da infância como sendo o lado ameaçador da razão, mas contraditoriamente espaço exclusivo de sua emergência. Esse retorno à representação da infância na Antiguidade, ou na *velha sociedade tradicional*, nos revela o modo como as crianças se faziam presentes naquela época e fornece elementos para compreender os momentos seguintes desse percurso histórico.

Corazza ressalta que a tarefa de fazer essa retomada não é fácil, pelo comprometimento que os textos históricos têm com um determinado paradigma da própria história, procurando provar suas hipóteses inicialmente estabelecidas ou porque "estão assentados sobre as condições materiais de vida, que fazem que a infância seja apenas um de seus efeitos; também porque acreditam em sua evolução ou involução ou desejam mostrar que esse objeto histórico sempre ou nunca existiu".[17] A posição adotada pela autora quanto ao "caminho" escolhido para fazer essa retomada "é significar a infância como uma instância suscitada e tornada necessária pelo funcionamento do dispositivo de infantilidade".[18]

Em seu percurso pelos textos históricos da infância, Corazza se diz despreocupada com o que os discursos de determinada época diziam sobre a criança. Busca lidar com os textos de um

> modo que não pergunta se a infância foi beneficiada com o advento da modernidade; se melhoraram os atos de violência cometidos

---

16 Ibid., p.91.
17 Corazza, *Infância & educação*, p.79.
18 Ibid.

EDUCAÇÃO INFANTIL E FORMAÇÃO DE PROFESSORES   25

nos séculos passados contra ela; se progrediram as condições de
sua criação, sobrevivência, saúde e vida; mas, que fica atento a
toda essa discussão, já que ela própria funciona como um meca-
nismo de poder-saber acerca da infantilização. Um modo que não
se importa se a infância não existiu na Antiguidade até a Idade
Média, como sentimento, concepção, valor, prática, se começou
no século XIV ou no XVIII, se nasceu ou se morreu, mas que se
importa com o que toda essa abundância discursiva da história da
infância produz em termos de mecanismos de poder, vontade de
saber e formas de subjetivação, que inflexionam, fortalecem e azei-
tam a maquinaria da infantilidade.[19]

Segundo Corazza, as crianças sempre estiveram presentes em
grande número no mundo tradicional, *vivendo em uma situação de
semissupressão*. No entanto, havia algo de misterioso nesse silêncio.

As crianças simplesmente são as grandes ausentes da história, simplesmente porque, no chamado "passado" – da Antiguidade à Idade Média – não existia este objeto discursivo a que hoje
chamamos "infância", nem essa figura social e cultural chamada
"criança" [...]. Não é que não existissem seres humanos pequenos,
gestados, paridos, nascidos, amamentados, crescidos – a maioria
deles mortos, antes de crescerem, mas é que a eles não era atribuída a mesma significação social e subjetiva; nem com eles eram
realizadas as práticas discursivas e não discursivas que somente
fizeram o século XVIII, na plenitude, o XIX e, até mesmo, os meados do século XX: nem a infância, nem a criança, nem o infantil
foram considerados, em qualquer medida, sequer problemas.[20]

De forma semelhante, Heywood ressalta que esse interesse pela
infância é um fenômeno relativamente recente. Segundo ele,

não se tem notícia de camponeses ou artesãos registrando suas
histórias de vida durante a Idade Média, e mesmo os relatos dos

---

19 Ibid., p.79-80.
20 Ibid., p.81.

nobres de nascimento ou dos devotos não costumavam demonstrar muito interesse pelos primeiros anos de vida. [...] Durante o período moderno na Inglaterra, as crianças estiveram bastante ausentes da literatura, fossem o drama elizabetano ou os grandes romances do século XVIII. A criança era, no máximo, uma figura marginal em um mundo adulto.[21]

Em sua obra mais famosa, *História social da criança e da família*, Ariès defende duas teses. A primeira, uma tentativa de interpretação das sociedades tradicionais, afirma que essa "nossa velha sociedade tradicional via mal a criança, e pior ainda o adolescente". Segundo ele,

> A duração da infância era reduzida ao seu período mais frágil, enquanto o filhote do homem ainda não conseguia bastar-se; a criança então, mal adquiria algum desembaraço físico, era logo misturada aos adultos, e partilhava de seus trabalhos e jogos. De criancinha pequena, ela se transformava imediatamente em homem jovem, sem passar pelas etapas da juventude, que talvez fossem praticadas antes da Idade Média e que se tornaram aspectos essenciais das sociedades evoluídas de hoje.[22]

A inserção social da criança, o aprendizado de valores e de conhecimentos, não ficava sob a responsabilidade de sua família. Logo que a criança "deixava os cueiros, ou seja, a faixa de tecido que era enrolada em torno de seu corpo, ela era vestida como os outros homens e mulheres de sua condição".[23] Quando conseguia alguma independência física, passava a conviver em meio a jovens e adultos onde passava a aprender as coisas que deveria saber, ajudando os adultos a fazê-las.

O período da infância era muito curto, na *velha sociedade tradicional*, para que se pudesse percebê-lo como tal, embora, em seus

---

21 Heywood, *Uma história da infância*, p.10.
22 Ariès, op. cit., p.10.
23 Ibid., p.69.

EDUCAÇÃO INFANTIL E FORMAÇÃO DE PROFESSORES **27**

primeiros anos, a criança fosse vista pelos adultos como objeto de descontração, um animalzinho, um *macaquinho impudico*, coisinha engraçada que os divertia. Até a linguagem usada para se dirigir a ela era alterada. Ariès chamou esse modo de ver a criança de "paparicação", mais característico nas mulheres (mães ou amas) que cuidavam das crianças e sentiam prazer em paparicá-las. Mesmo assim, a criança ainda era vista na sociedade como um elemento *neutro*, sem muita importância.

Segundo o referido autor, na sociedade medieval, até o século XII, o sentimento de "infância" não existia. Buscou, principalmente através de expressões artísticas da época, evidências da concepção de criança e, como não as encontrou, concluiu que esta era ausente na Europa medieval do século XII. Tal tese é considerada um exagero por alguns historiadores, os quais discordam dessa total ausência da infância naquele período, apontando várias formas de reconhecimento da *natureza específica* da infância.

Mesmo ao retratarem adultos do início da época medieval, os artistas estavam mais preocupados em transmitir o *status* e a posição de seus retratados do que com a aparência individual. Ademais, nem todos aceitam a ideia de que a transição para representações mais realistas de crianças na pintura e na escultura, a partir do século XII, revela uma "descoberta da infância" do ponto de vista artístico.[24]

Embora isso não significasse que as crianças fossem rejeitadas ou abandonadas, não significava também grande afeição por elas. Badinter[25] defende a tese de que o amor materno não é um instinto, não é um sentimento inato, que não existe em toda mulher, em todos os lugares e épocas, provocando grande polêmica na França dos anos 1980.

---

24 Heywood, op. cit., p.25.
25 Badinter, *Um amor conquistado*.

De acordo com a referida autora,

> O amor materno foi por tanto tempo concebido em termos de instinto que acreditamos facilmente que tal comportamento seja parte da natureza da mulher, seja qual for o tempo ou o meio que a cercam. Aos nossos olhos, toda mulher, ao se tornar mãe, encontra em si mesma todas as respostas à sua nova condição. Como se uma atividade pré-formada, automática e necessária esperasse apenas a ocasião de se exercer. Sendo a procriação natural, imaginamos que ao fenômeno biológico e fisiológico da gravidez deve corresponder determinada atitude maternal.[26]

Segundo a autora, as mães, até fins do século XVIII, não podiam se apegar intensamente aos seus bebês, dadas as altas taxas de mortalidade, pois caso eles viessem a lhes faltar, elas morreriam de dor. Sendo assim, não nutriam um sentimento de amor e afeição por seus filhos que, ainda bebês, eram enviados da cidade para o campo, para que ficassem sob os cuidados das amas de leite.

A frieza dos pais, e da mãe em particular, serviria inconscientemente de couraça sentimental contra os grandes riscos de ver desaparecer o objeto de sua ternura. Em outras palavras: valia mais a pena não se apegar para não sofrer depois. Essa atitude teria sido a expressão perfeitamente normal do instinto de vida dos pais.[27]

Essa separação entre pais e filhos durava por três ou quatro anos, o que impossibilitava a existência de um sentimento materno quando do retorno da criança ao lar. Mas, caso isso não acontecesse, por morte da criança, a dor da mãe era uma prova desse amor, caso essa desejasse a criança. Porém, o fato de poder, futuramente, ter outro filho servia como "conforto" para a morte do precedente. A maior prova dessa indiferença era a ausência dos pais no enterro

---

26 Ibid., p.20.
27 Ibid., p.85.

do filho. Essa era a mentalidade da época, uma aparente ausência de sofrimento pela perda de uma criança, a qual Ariès justifica como "insensibilidade", como "muito natural nas condições demográficas da época".[28]

É oportuno, assim, ressaltar as seguintes palavras da autora:

> Penso, enfim, como os psicanalistas, que não há amor sem algum desejo, e que a ausência da faculdade de tocar, mimar ou beijar é pouco propícia ao desenvolvimento do sentimento. Se a criança não está ao alcance de sua mão, como poderá a mãe amá--la? Como poderá apegar-se a ela?[29]

Compreendendo a criança dessa forma, ela estava condenada a viver sem os cuidados de sua mãe, enquanto era ainda muito pequena e frágil e não podia ainda se misturar à vida dos adultos, mas tão logo a criança começasse a andar sozinha e a desempenhar pequenas tarefas, ela se confundia com os adultos, ou seja, "ela ingressava na sociedade dos adultos e não se distinguia mais destes".[30] Mas caso a criança não superasse o período da "paparicação" e viesse a morrer até causava tristeza em alguns, "mas a regra geral era não fazer muito caso, pois outra criança logo a substituiria. A criança não chegava a sair de uma espécie de anonimato".[31]

Etimologicamente, a palavra "infância", oriunda do latim, significa "incapacidade de falar" e era "atribuída em geral ao período que se chama de primeira infância, às vezes era vista como se estendendo até os 7 anos, que representariam a passagem para a idade da razão".[32] Essa característica da criança, própria dos primeiros anos de vida, dava a ela essa posição de anonimato, ou seja, ela só começava a fazer parte do mundo dos adultos depois que, além de andar e realizar algumas tarefas sozinha, também já tinha aprendido a falar.

---

28 Corazza, op. cit.
29 Ibid., p.15.
30 Ariès, op. cit., p.156.
31 Ibid., p.10.
32 Kuhlmann Jr., *Infância e educação infantil*, p.16.

A segunda tese de Ariès "pretende mostrar o novo lugar assumido pela criança e a família em nossas sociedades industriais que, segundo ele, surge de forma imperativa e definitiva a partir do fim do século XVII".[33] O autor aponta dois fatos que marcam essa mudança. O primeiro é o aparecimento da escola como lugar de aprendizagem. "Isso quer dizer que a criança deixou de ser misturada aos adultos e de aprender a vida diretamente, através do contato com eles."[34]

Reportando-se às teses de Ariès, Corazza ressalta que:

> Partindo da constatação de que a iconografia alto-medieval desconhecia a criança – não tentava representá-la porque não a percebia; ou, quando a representava, era sob a forma de um "homem em miniatura", em tamanho reduzido –, enquanto é típico da família do século XIX organizar-se "com a criança no centro", Ariès se propôs a explicar historicamente essa passagem da "indiferença" – ou "ignorância", como também a chama – à "centralidade" da infância, em função, principalmente, de dois fatores: a escolarização da criança e a criação da família conjugal burguesa como lugar de afeição.[35]

Embora não tenham chamado atenção nem se constituído como interesse de pesquisa, estudos realizados, antes dos de Ariès, referenciados por Corazza, como Bayne-Powell (1939); Findlay (1923) e Lynd (1942) já revelavam a forma cruel como se tratavam as crianças nos séculos anteriores. Outros estudos sobre a história da infância, como os de Rothaman (1973), Bellingham (1988), Hawes e Hiner (2000), centravam-se, segundo Corazza, em duas grandes áreas de pesquisa:

> a que estuda as crianças como sujeitos de definição cultural, dentro do fenômeno histórico da infância – chamada de "tese histórica" –;

---

33 Ariès, op. cit., p.12.
34 Ibid.
35 Corazza, op. cit., p.84.

EDUCAÇÃO INFANTIL E FORMAÇÃO DE PROFESSORES   31

e aquela que as olha como usuárias ou membros de práticas organizacionais formais, tais como a família, escola, asilos. A primeira é a perspectiva privilegiada pelos historiadores da "história dos sentimentos" – área identificada com Ariès, Stone e Shorter – que investigam a infância e as crianças como categorias culturais inventadas nos séculos XVIII e XIX pela família burguesa reunida em torno de valores do espaço doméstico, circunscrito às novas fronteiras da privacidade conjugal; enquanto a segunda estuda preferencialmente a colonização das crianças feita por um mercado de serviços em lugares segregados cujas atividades são dirigidas por *experts* adultos.[36]

Corazza, em seu percurso pela história da infância, encontra no trabalho de Pollock (1983) uma revisão dos principais trabalhos sobre história da infância produzidos até o início dos anos 1980, nos quais é possível encontrar as seguintes invariantes:

1) Não existe o conceito de infância antes do século XVII; as crianças são percebidas como inferiores na escala social e, por isso, não são dignas de consideração (por exemplo, os trabalhos de Ariès; Demos; Hoyles; Hunt; Shorter; Stone e Tucker);
2) As relações pais/filhos são meramente formais; os pais são seres inacessíveis e as crianças inferiores, e, por isso, suas demandas e necessidades não são suficientemente valorizadas ao ponto de serem atendidas (tais como os estudos feitos por DeMause; Pinchbeck & Hewitt; Plumb; Stone e Thompson);
3) A partir do século XVIII e início do XIX, ao mesmo tempo que a infância é ressignificada, frequentemente as crianças são brutalizadas, exploradas e submetidas a indignidades (por exemplo, as pesquisas de Sears; Ariès; Hoyles; Hunt; Lyman; DeMause; Pinchbeck & Hewitt; Plumb; Shorter; Stone e Tucker).[37]

---

36 Corazza, op. cit., p.87-8.
37 Ibid.

Tais estudos são, ainda, unânimes em argumentar que

o conceito de infância se modifica ao redor do século XVII influenciado pelos seguintes fatores: 1) emergência de um sistema de educação; 2) mudanças na estrutura familiar; 3) desenvolvimento do capitalismo; 4) surgimento de um espírito de benevolência; 5) aumento da maturidade emocional dos pais. Esse conceito torna-se mais elaborado durante os séculos XVIII e XIX, quando a criança é considerada um componente essencial da família e da sociedade e seus direitos passam a ser protegidos pelo Estado.[38]

O início da era moderna marca, assim, um novo lugar para a criança e a família. A emergência do conceito de infância "geralmente é localizada no século XVIII, com o triunfo do individualismo burguês no ocidente e de seus ideais de felicidade e emancipação".[39] A referida autora aponta o livro de Jean-Jacques Rousseau de 1762, *Emílio*, como marco privilegiado dessa – nossa – concepção moderna de infância. Tal obra transforma a prática pedagógica de boa parte da elite esclarecida da época, pois, significando uma revisão da representação de infância, se começa a desconfiar da razão – privilegiada no pensamento racionalista moderno – e a confiar de forma ilimitada na natureza humana.

Essa valorização da natureza primeira e originária leva Rousseau a elaborar uma teoria da deformação, do aviltamento, da decadência através da história e da cultura em nítida oposição ao otimismo da filosofia da história iluminista, baseado na certeza de um progresso talvez lento, mas seguro. Em termos pedagógicos, os papéis se transformaram radicalmente: em vez de corrigir a alma infantil e de querer o mais rapidamente possível torná-la adulta, o educador do *Emílio* deve, ao contrário, escutar com atenção a voz da natureza da criança, ajudar seu desenvolvimento

---

38 Ibid., p.89.
39 Gagnebin, op. cit., p.83.

EDUCAÇÃO INFANTIL E FORMAÇÃO DE PROFESSORES

harmonioso segundo regras ditadas não pelas convenções sociais, mas sim oriundas da maturação natural das faculdades infantis.[40]

Passou-se, assim, de uma concepção que via a natureza da criança como ruim e perversa para outra que a entendia como pura, sem perversão originária. Era preciso, então, isolar a criança da cultura (que a corromperia), num espaço, "numa bela propriedade de campo (no *Emílio*), num sítio, num jardim... de infância ou numa escola alternativa, para as crianças se desenvolverem naturalmente e harmoniosamente em constante proximidade com a natureza harmoniosa".[41]

A criança passa, assim, a ser vista como um alguém incompleto, inacabado e vulnerável à corrupção pela sociedade, como ressalta Ariès

> É entre os moralistas e educadores do século XVII que vemos formar-se esse outro sentimento de infância [...] que inspirou toda a educação do século XX, tanto na cidade como no campo, na burguesia como no povo. O apego à infância e à sua particularidade não se exprimia mais através da distração e da brincadeira, mas através do interesse do psicólogo e da preocupação moral. A criança não era nem divertida nem agradável: "Todo homem sente dentro de si essa insipidez da infância que repugna à razão sadia; essa aspereza da juventude, que só se sacia com objetos sensíveis e não é mais do que o esboço grosseiro do homem racional". Assim falava *El Discreto* de Balthazar Gratien, um tratado sobre educação de 1646, traduzido para o francês em 1723 por um padre jesuíta. "Só o tempo pode curar o homem da infância e da juventude, idades da imperfeição sob todos os aspectos."[42]

Se a primeira ideia de infância é um sentimento que surge naturalmente na convivência com a família, a segunda é uma concepção que surge de fora desta, isto é, dos confessores e moralistas, que re-

---

40 Ibid., p.93.
41 Ibid., p.94.
42 Ariès, op. cit., p.162.

pugnavam a paparicação e que pensavam recuperar, construir, ou ainda, reconstruir a criança para a sociedade, num movimento que toma muita força a partir do século XVIII. Começa-se a trabalhar e defender a *noção de inocência infantil.*

No momento em que a criança começa a ser associada à ideia de inocência, de pureza, passa-se também a defender a necessidade de "protegê-la". Não é mais possível deixar que permaneçam vivendo na permissividade reinante. É preciso agir de modo a não ter o que corrigir na fase adulta. Isso significa, então, a necessidade de isolá-la e submetê-la à vigilância contínua para preservá-la do lado impuro da vida.

Iniciou-se, assim, segundo Ariès,[43] um "longo processo de enclausuramento das crianças [...], uma espécie de quarentena, antes de ser solta no mundo [...], ao qual se dá o nome de 'escolarização'". A escola dos tempos modernos tornou-se um meio de isolar cada vez mais as crianças do mundo dos adultos durante um período de formação moral e intelectual e de adestrá-las sob regime disciplinar rigoroso e autoritário.

É interessante observar na organização das escolas medievais a ausência de referências à idade dos alunos. Era comum ver, segundo Ariès, num mesmo auditório várias idades confundidas.

> Essa mistura de idades continuava fora da escola. A escola não cerceava o aluno. O mestre único, às vezes, assistido por um auxiliar, e com uma única sala à sua disposição, não estava organizado para controlar a vida cotidiana de seus alunos. Estes, terminada a lição, escapavam à sua autoridade.[44]

> Essa prática, da Idade Média, de misturar as idades dos alunos persistiu por longo tempo tanto no interior dos colégios quanto, "*a fortiori*, na camada não escolarizada da população".[45] A escola e os mestres dos tempos medievais eram independentes.

---

43 Ariès, op. cit., p.11.
44 Ibid., p.167.
45 Ibid., p.166.

EDUCAÇÃO INFANTIL E FORMAÇÃO DE PROFESSORES **35**

Em geral, o mestre alugava uma sala, uma *"schola"*, por um preço que era regulamentado nas cidades universitárias. Em Paris, essas escolas se concentravam numa rua, a *Rue du Fouarre: vicius straminis*. Essas escolas, é claro, eram independentes umas das outras. Forrava-se o chão com palha, e os alunos aí se sentavam. Mais tarde, a partir do século XIV, passou-se a usar bancos, embora esse novo hábito de início parecesse suspeito. Então, o mestre esperava pelos alunos, como o comerciante espera pelos fregueses. Algumas vezes o mestre roubava alunos do vizinho. Nessa sala, reuniam-se, então, meninos e homens de todas as idades, de 6 a 20 anos ou mais.[46]

A preocupação com as idades é consequência da evolução da instituição escolar que, na sociedade moderna, volta suas intenções também para a formação moral dos alunos, além da instrução, daí a necessidade de separá-los por idade. Os mestres se habituaram, então, a compor suas classes em função da idade dos alunos que passavam a ter uma correspondência cada vez mais rigorosa com as classes, ou seja, cada idade estava relacionada a uma classe.

O processo de verbalização nas classes de idades variadas era intenso, dialogava-se com a criança por meio de vocabulário preciso. A noção de censura, trazida pela modernidade, colocava em vigor um vocabulário *traficado*.[47] Começa-se a falar com a criança de forma protegida. O inventar nomes para os órgãos genitais é um exemplo clássico disso.

É importante notar que a sociedade moderna repugnava a precocidade de algumas infâncias da sociedade medieval. As crianças, por conviverem em grupos de idades variadas, desenvolviam habilidades que, para a sociedade moderna, eram próprias de adultos. Embora se reconhecessem alguns "jovens prodígios", com carreiras brilhantes, como os moralistas, essa precocidade infantil deixou de ser admirada durante o século XVIII.

---

46 Ibid., p.166-7.
47 Ibid.

A repugnância pela precocidade marca a primeira brecha aberta na indiferenciação das idades dos jovens. A política escolar que eliminava as crianças muito pequenas fossem quais fossem seus dotes, quer recusando-lhes a entrada na escola, quer – como mais era comum – concentrando-as nas classes mais baixas, ou ainda fazendo-as repetir o ano, implicava um sentimento novo de distinção entre uma primeira infância mais longa, e a infância propriamente escolástica.[48]

Antes a criança chegava à escola enriquecida pelo longo período de convivência com os adultos, suas histórias, suas crenças, as festas que viviam juntas. Mas se, por um lado, consideramos que a sociedade moderna empobrece essa experiência, por outro, vemos essa separação por idades como um reconhecimento da especificidade da infância, ou como disse Ariès, "essa distinção das classes indicava, portanto, uma conscientização da particularidade da infância ou da juventude, e do sentimento de que no interior dessa infância ou dessa juventude existiam várias categorias".[49]

O atendimento institucional em classes por idade preocupava-se em proteger os jovens das tentações do mundo dos adultos com a intenção de mantê-los puros e inocentes. O progresso do sentimento de infância na mentalidade comum deveu-se à estruturação da "vida escolástica", desenvolvida em instituições como

a escola e o colégio que, na Idade Média, eram reservados a um pequeno grupo de clérigos e misturavam as diferentes idades dentro de um espírito de liberdade de costumes, se tornara, no início dos tempos modernos, um meio de isolar cada vez mais as crianças durante um período de formação tanto moral como intelectual, de adestrá-las, graças a uma disciplina mais autoritária, e, desse modo, separá-las da sociedade dos adultos.[50]

---

48 Ibid., p.175-6.
49 Ibid., p.173.
50 Ibid., p.165.

EDUCAÇÃO INFANTIL E FORMAÇÃO DE PROFESSORES

Os colégios que, no século XIII, eram "asilos para estudantes pobres, fundados por doadores e que, [...] a partir do século XV, tornaram-se institutos de ensino [...] forneceriam o modelo das grandes instituições escolares do século XV ao XVII".[51] Nos colégios a disciplina era rígida, pois

> tratava-se tanto da formação como da instrução dos estudantes e, por esse motivo, convinha impor às crianças uma disciplina estrita: a disciplina tradicional dos colégios. [...] O colégio tornou-se então um instrumento para a educação da infância e da juventude em geral.[52]

O segundo fato está diretamente ligado ao primeiro. De acordo com Ariès, a escolarização das crianças tem a ver com o "grande movimento de moralização dos homens, promovido pelos reformadores católicos ou protestantes ligados à igreja, às leis ou ao Estado". No entanto, isso só foi possível graças à

> cumplicidade sentimental das famílias, e esta é a segunda abordagem do fenômeno que eu gostaria de sublinhar. A família tornou-se o lugar de uma afeição necessária entre os cônjuges e entre pais e filhos, algo que não era antes. [...] A família começou então a se organizar em torno da criança e a lhe dar tal importância que a criança saiu de seu antigo anonimato, que se tornou impossível perdê-la ou substituí-la sem uma enorme dor, que ela não pôde mais ser reproduzida muitas vezes, e que se tornou necessário limitar o seu número para melhor cuidar dela.[53]

A primeira tese de Ariès – a ausência do sentimento de infância até a Idade Média – foi recebida com reservas pelos historiadores, embora "reconheçam a indiferença que persistiu até muito tarde com relação às crianças, os historiadores das mentalidades per-

---

51 Ibid., p.169.
52 Ibid., p.170-1.
53 Ibid., p.11-2.

38 HELOISA HELENA OLIVEIRA DE AZEVEDO

ceberam a raridade das alusões às crianças e às suas mortes nos diários de família".[54]

Demos "concorda com Ariès que não existia o conceito de infância, mas discorda da afirmação de que tal consciência tivesse emergido no século XVII".[55] O autor sugere que algum reconhecimento da infância como etapa diferenciada da vida adulta pudesse ter existido, no que se refere às crianças menores de 7 anos. As crianças maiores eram percebidas e tratadas como adultos, sendo o menino uma reprodução em miniatura de seu pai e a menina de sua mãe.

Ainda sobre esse aspecto, é importante ressaltar, também, as palavras de Kuhlmann Jr. acerca do pioneirismo da obra de Philippe Ariès. Segundo ele,

Desde a década de 1960, vêm sendo publicados vários trabalhos na historiografia inglesa, francesa, norte-americana e italiana, que representam um impulso significativo à história da infância. Mas a ideia de que a preocupação com este tema seja derivada da obra de Ariès, ou mais genericamente, de que tenha surgido apenas naquela década, precisa ser problematizada, [...] há histórias da infância desde o século XIX, ao menos, e é necessária certa cautela para se caracterizar os pioneirismos no estudo da criança e no uso de fontes ou enfoques inovadores.[56]

Cambi e Ulivieri[57] também criticam Ariès quanto à linearidade que ele estabelece em seus estudos ao descrever as transformações observadas em relação à infância. Para esses autores,

a realidade social e cultural da infância resulta decididamente mais complexa: primeiramente, articulada em classes, com a presença

---

54 Ibid., p.14.
55 Demos apud Corazza, op. cit., p.91.
56 Kuhlmann Jr., op. cit., p.17.
57 Apud Kuhlmann Jr., op. cit.

EDUCAÇÃO INFANTIL E FORMAÇÃO DE PROFESSORES 39

de, ao menos, três modelos de infância convivendo ao mesmo tempo; de outro lado é um percurso que vai da codificação do cuidado à mitificação da infância.[58]

Por outro lado, a segunda tese de Ariès, além de muito bem acolhida, foi imediatamente explorada

por psicólogos e sociólogos, especialmente nos Estados Unidos, onde as ciências humanas se preocupam mais cedo do que em qualquer outro lugar com as crises da juventude. Essas crises tornam evidente a dificuldade, quando não a repugnância dos jovens em passar para o estado adulto.[59]

Corazza faz referência à obra de Philippe Ariès, *L'enfant et la vie familiale sous l'Ancien Régime* [A criança e a vida familiar no Antigo Regime], publicada inicialmente em 1960, em Paris, como a mais importante contribuição ao campo da pesquisa histórica da infância. Segundo ela, esta obra recebeu a "entusiástica atenção das feministas e qualificados elogios dos principais historiadores da demografia".

Ariès pesquisa a vida, os hábitos e os costumes das sociedades Antiga e Medieval para comprovar suas teses de que o sentimento de infância surge no final do século XVII e que isso se dá em função do aparecimento da escola e da reorganização familiar, do surgimento de um afeto que não existia antes nas famílias. Segundo ele, passou-se a valorizar o sentimento de afeição para que fosse concretizada a união de um casal e a criança passou a ser vista como extensão desse sentimento, a razão da existência das famílias e depositária de suas aspirações futuras.

Podemos dizer, então, que a noção da infância, enquanto fase diferenciada, é uma "invenção" dos tempos modernos, momento

---

58 Ibid., p.21.
59 Corazza, op. cit., p.12.

em que se ressaltam algumas características que passam a marcar o trato com a criança:

- a assimilação da criança ao anjo (culto às crianças mortas, intermediação com Deus);
- a diferenciação do vestuário (nas pinturas antigas a diferença entre crianças e adultos só se faz perceber pela diferença no tamanho);
- a restrição ao espaço de convívio e, com isso, as relações, o vocabulário, as brincadeiras. Instala-se a noção de desconfiança, de censura;
- a diferenciação na literatura. Alguns livros começam a ser proibidos para crianças ao mesmo tempo em que se começa a produzir outros específicos para elas, estes, logicamente, de forte conteúdo disciplinador.

Essa breve retomada da história das sociedades traz à tona aspectos relevantes não só acerca das mudanças na concepção de criança como, também, sobre a transformação no espaço de educação (escolar ou não) a elas oferecida. Num olhar retrospectivo, a impressão que nos dá é a de que, para a maioria das crianças, a infância volta a ser uma fase bastante reduzida. Há hoje, como na *velha sociedade tradicional*, uma precocidade na passagem ao mundo dos adultos, do trabalho, do abandono, da exclusão. Isso, entretanto, não significa uma volta aos sentimentos das antigas sociedades, pois a passagem hoje se faz, para muitas crianças, marcada pela violência, pela agressão e pelo desrespeito às suas necessidades e direitos de cidadã.

Outras modificações ocorreram, também, pelo aspecto afetivo. O meio mais coletivo em que a criança vivia, antes de ser *enclausurada* na escola, a deixava menos vulnerável. Os papéis afetivos não eram rígidos. Hoje, ao contrário, a família se coloca enquanto a única estrutura onde se processam contatos afetivos. A família moderna monopoliza essa afetividade.[60]

---

60 Ariès, op. cit.

EDUCAÇÃO INFANTIL E FORMAÇÃO DE PROFESSORES **41**

Esse fechamento é também responsável pelo grau de ansiedade que a família concentra hoje em relação ao cuidado com suas crianças: o sentido de proteção. A criança passa nesse momento a absorver as cargas de frustração e a cobrança dos pais. A família se constrói sobre a criança, a qual é considerada um ser frágil, puro e indefeso que necessita de muitos cuidados. A relação do casal passa a não se sustentar muito tempo sem filhos e os pais, por sua vez, passam a orientar seus objetivos em função deles. Os pais reservam para os filhos os papéis que gostariam de ter tido e não tiveram.

Essa carga emocional colocada sobre a criança se manifesta de alguma forma na escola, que precisa pensar formas de considerá-la em suas propostas e currículos. De acordo com a concepção de infância vigente, as instituições de atendimento infantil tinham como principal tarefa oferecer à criança cuidados de higiene, alimentação e saúde, ou seja, responsabilizar-se pelo seu bem-estar durante o período em que lá era deixada pelos pais.

De acordo com Gomes (1986), as instituições para educação sistemática de crianças, na Europa, datam da segunda metade do século XVIII e, sobretudo, do século XIX. A "Escola Infantil" ou "jardim de infância" nasceu da Revolução Industrial. Atribui-se a Jean-Frédéric Oberlin (1740-1826), pastor protestante de Ban-de-la-Roche, nos Vosges, entre a Alsácia e a Lorena, a criação da primeira instituição para educação da infância, os chamados asilos ou escola maternal.

Mais adiante, outros países da Europa também iniciaram um processo de atendimento às crianças menores de 6 anos tendo, cada país, seus mais renomados expoentes, conforme informações sintetizadas a seguir:

- *Infant School* – 1816 – inglesa – Robert Owen (escocês), industrial e filantropo.
- *Salle d'asile* – 1826 – francesa – Denis Cochin e Eugénie Millet – de início particulares foram gradualmente sendo assumidas pelo Estado (1848) e como instituição pública passaram a se chamar *école maternelle*, designação que só viria a vingar em 1881.

- *Sala de asilo-modelo* – 1828 – anexo à sala de asilo para a formação de mestras e mestres, dirigido por Eugénie Millet.
- *Kindergarten* – 1840 – Friedrich Fröbel dá o nome à sua instituição de educação de infância de *jardim de infância*. A Áustria foi o primeiro país que reconheceu legalmente a existência dos jardins de infância em 1872.
- *Case dei Bambini* – Itália – início do século XX – Maria Montessori.
- *Maison des Petits* – anexa ao Instituto Jean-Jacques Rousseau criado em 1912 por Édouard Claparède (1873-1940), onde Nina Audemars e Louise Lafendel utilizaram e adaptaram os métodos de Fröbel, de Montessori e de Decroly, que exerceu significativa influência em Portugal. A Suíça, com Rousseau e Pestalozzi, tornou-se a pátria da pedagogia.

Essas instituições surgiram com objetivos assistenciais e, mesmo quando mais tarde foram caracterizadas como *jardins de infância*, a concepção de criança era romântica, isto é, de um ser puro, frágil e ingênuo que precisa de cuidados e proteção dos adultos.

Nossas primeiras ideias/imagens/sentimentos em relação à criança brasileira sofreram grande influência dos europeus, através dos missionários jesuítas que aqui chegaram no século XVI. Aos olhos destes, a criança brasileira (índia, negra, mestiça), em diferentes épocas, assemelhava-se aos anjos, seres bons puros e inocentes. Eram o "papel em branco" no qual os jesuítas inscreveriam a sua cultura. Tendo como base um forte conteúdo de educação moral e religiosa, os jesuítas submetiam as crianças antes que o "pecado" se instalasse em suas almas.

Tal influência europeia continuou presente por muito tempo na nossa história, quando da criação dos "jardins de infância" nos moldes dos *kindergartens*, "herança" que, ainda hoje, se observa nas propostas pedagógicas de instituições de atendimento infantil, concepções e práticas de professores da área.

Tendências pedagógicas denominadas romântica, cognitiva ou crítica, para o trabalho na Educação Infantil, foram sendo criadas

EDUCAÇÃO INFANTIL E FORMAÇÃO DE PROFESSORES **43**

em diferentes épocas. A manifestação dessas tendências na prática docente está relacionada às modificações políticas que ocorreram no cenário educacional brasileiro no que tange, também, à formação docente. A partir de então as propostas para a Educação Infantil passaram a manifestar, em maior ou menor grau, tais tendências, caracterizando o atendimento à Educação Infantil no Brasil.

É importante ressaltar que essas tendências foram se construindo apoiadas nas mudanças na concepção de criança, não significando, portanto, o desaparecimento de uma com o surgimento de uma nova. Cada tendência organiza-se com base nas concepções de criança, professor e educação escolar dos estudiosos de cada época que as representam, tendo sido assim sistematizadas e denominadas a partir de estudos desenvolvidos por pesquisadores contemporâneos.

A tendência pedagógica romântica originou-se no século XVIII identificando-se com o próprio surgimento das instituições de educação pré-escolar, num contexto de profundas modificações na organização da sociedade, no plano social e, ainda, as progressivas descobertas na área do desenvolvimento infantil, as quais geraram intensos questionamentos à chamada escola tradicional, no plano educacional.[61]

Tal tendência fundamenta-se nos princípios da Escola Nova,[62] que exerceram forte influência na definição de propostas educacionais, inclusive, para a pré-escola. O movimento escolanovista teve consequências importantes para os sistemas educacionais e a mentalidade dos professores, pois pregava como princípios básicos de uma escola renovada a valorização dos interesses e necessidades da criança, a defesa da ideia do desenvolvimento natural, a ênfase no caráter lúdico das atividades infantis e a crítica à escola tradicional.

A tendência pedagógica romântica desenvolveu-se apoiada em ideias de estudiosos da área, como Friedrich Fröbel (1782-1852),

---

61 Kramer, *Com a pré-escola nas mãos*, p.25.
62 Movimento de renovação da educação ocorrido no início do século XX que valorizava a autoformação e a atividade espontânea da criança.

Ovyde Decroly (1871-1932) e Maria Montessori (1870-1952), que, embora compartilhassem dos ideais escolanovistas, propunham maneiras peculiares para o desenvolvimento do trabalho pedagógico com crianças.

Segundo tal tendência, o perfil adequado de uma educadora froebeliana deve ser o de alicerce, base, fulcro do trabalho escolar. Dentro dessa perspectiva de trabalho pedagógico, a professora deve ter um perfil de adulto como modelo a ser seguido pelas crianças, protetora da infância, preparadora e organizadora do ambiente, ser habilidosa na observação do desenvolvimento dos seus alunos, ter destreza manual, "ser mulher, ativa, culta, paciente, sincera, humana, criativa, estudiosa e crente no Criador". Fröbel fez da mulher uma educadora por profissão, educadora dentro e fora do lar.[63]

Por sua vez, a tendência pedagógica cognitiva privilegia o aspecto cognitivo do desenvolvimento infantil. A pré-escola é o lugar de tornar as crianças inteligentes. Tal tendência concentra seus principais fundamentos nas ideias do epistemólogo suíço Jean Piaget (1896-1980) e de seus discípulos.

A teoria de Piaget tem como pressuposto básico o interacionismo[64] e seus principais objetivos consistem na formação de sujeitos críticos, ativos e autônomos. Privilegia a interdisciplinaridade em oposição à fragmentação de conteúdos no modelo tradicional.

Numa tendência pedagógica cognitiva de trabalho na Educação Infantil a criança é concebida como um ser construtor. A criança é sujeito que pensa e, como tal, constrói seu conhecimento, reinventa conteúdos, aprende a partir da interação que estabelece com o meio físico e social desde o seu nascimento, passando pelos seguintes estágios de desenvolvimento: sensório-motor (até 2 anos); pré-operatório ou simbólico (2-6 anos); operatório concreto (6-12 anos) e lógico-formal (a partir dos 12 anos). Piaget não estabeleceu

---

63 Angotti, *O trabalho docente na pré-escola*, p.21.

64 Desenvolvimento que resulta das combinações entre aquilo que o organismo traz e as circunstâncias oferecidas pelo meio: o eixo central, portanto, é a interação organismo/meio (Kramer, op. cit., p.29).

EDUCAÇÃO INFANTIL E FORMAÇÃO DE PROFESSORES   **45**

idades rígidas para a passagem das crianças pelos estágios, mas considera que estes se apresentam nessa sequência ao longo do desenvolvimento infantil.[65]

Para atuar nessa perspectiva, a professora deveria ter bastante conhecimento sobre o desenvolvimento cognitivo infantil, além de ser a mediadora entre o conhecimento e o sujeito que aprende (o aluno); estabelecer relação de troca de conhecimentos com seus alunos, propondo tarefas desafiadoras às crianças de acordo com a etapa de desenvolvimento em que se encontram (estágios de desenvolvimento segundo Piaget), estimulando-as a pensar de forma criativa e autônoma; favorecer a construção do conhecimento físico e lógico-matemático.

A professora teria, então, segundo Angotti, um papel de organizadora do ambiente,

> de facilitadora da aprendizagem do aluno, através da problematização que faz das situações, dos desafios que cria, dos questionamentos que oferece à criança, para que ela responda por si mesma; portanto a professora tem como exigência o profundo domínio das áreas que deverá desenvolver no aluno, sejam a aritmética, as propriedades físicas ou outras. O seu pleno domínio sobre tais "conteúdos" e as estruturas implícitas no seu conhecimento permitem à professora o encaminhamento adequado do processo de desenvolvimento cognitivo da criança.[66]

Diferentemente das duas primeiras, a tendência pedagógica crítica tem como pressuposto básico *favorecer a formação de pessoas (crianças e adultos) interessadas e capazes de contribuir na transformação do contexto social*.[67] Essa tendência identifica-se com uma educação para a cidadania, isto é, que contribua para a inserção crítica e criativa dos indivíduos na sociedade. Concebe a

---

65 Kramer, op. cit.
66 Angotti, op. cit., p.83.
67 Mazzilli, *Educação infantil: da Constituição ao Plano Nacional de Educação*, p.7.

pré-escola como lugar de trabalho, a criança e o professor como cidadãos, sujeitos ativos, cooperativos e responsáveis.[68]

Os fundamentos básicos da tendência pedagógica crítica na Educação Infantil, segundo Mazzilli,[69] situam-se nas ideias de Freinet, na abordagem sociocultural de Vygotsky, no materialismo histórico e na proposta dialógica de Paulo Freire. A partir da contribuição de tais pensadores, destacam-se as seguintes características dessa tendência:

- a compreensão clara de que o projeto de educação e o projeto de sociedade são indissociáveis, ou seja, através da educação se forma um modo de pensar e agir no social e vice-versa;
- há uma associação profundamente estreita entre cultura e conhecimento. Não um conhecimento que existe por si, que paira sobre o social, mas um conhecimento socialmente construído e socialmente referenciado;
- busca a autonomia e a democratização da escola e da educação, através da elaboração de projetos político-pedagógicos próprios, em que a metodologia é opção de quem a desenvolve;
- criação de instâncias de participação para democratização das tarefas para tomada de decisões e avaliação conjuntas;
- a concepção de formação continuada considera que esta deve se dar na escola, no contexto de atuação do professor.

As maiores contribuições para a construção de uma tendência pedagógica crítica foram dadas por Freinet (1896-1966). Este sofreu influência da teoria marxista e criticou tanto a escola tradicional quanto as escolas novas, sendo também por elas criticado. Com relação à primeira, criticou-a por seu caráter fechado que desconsiderava a criatividade, a descoberta e o interesse infantil. Quanto à segunda, seus métodos, por definirem materiais, locais e condições especiais para a realização do trabalho pedagógico.[70]

---

68 Kramer, op. cit.
69 Id., op. cit.
70 Ibid.

EDUCAÇÃO INFANTIL E FORMAÇÃO DE PROFESSORES **47**

Freinet desenvolveu a proposta de uma escola popular, pois para ele "a escola popular do futuro seria a escola do trabalho".[71] A base da sua crença em uma escola popular partia da ideia de que "a relação direta do homem com o meio físico e social é feita pelo trabalho – sua atividade coletiva – e que liberdade não é cada um fazer o que quer, mas sim o que decidimos em conjunto".[72] Para Freinet, a situação de trabalho concreta seria a estimuladora do desejo de conhecer mais, permeada pelo espírito de liberdade que deve pairar no ar, para que as crianças se movimentem, explorem, escolham livremente e possam realizar suas *experiências tateantes*.[73]

A tendência crítica privilegia os fatores sociais e culturais, considerando-os como os mais relevantes para o processo educativo. Sua principal meta é implementar uma escola de qualidade para as crianças de até 6 anos, "que reconheça e valorize as diferenças existentes entre as crianças e, dessa forma, beneficie a todas no que diz respeito ao seu desenvolvimento e à construção dos seus conhecimentos".[74]

Aliadas a isso se definem outras metas educacionais para a elaboração curricular e desenvolvimento da prática pedagógica. Essas metas compreendem a construção da autonomia e da cooperação, o enfrentamento e a solução de problemas, a responsabilidade, a criatividade, a formação do autoconceito estável e positivo, a comunicação e a expressão em todas as formas, particularmente, no nível da linguagem. Por fim, essa tendência entende as crianças como indivíduos que pertencem a diferentes grupos sociais e que a escola, para elas, deve, necessariamente, contribuir para sua inserção crítica e criativa na sociedade.

Muitos outros autores trouxeram suas contribuições para o universo da Educação Infantil, tendo como base as ideias precursoras dos estudiosos citados, mas atentando para as necessidades de mudança impostas em cada momento histórico. Tais momentos

---

71 Freinet apud Gadotti, *História das ideias pedagógicas*, p.177.
72 Kramer, op. cit., p.33.
73 Angotti, op. cit., p.60.
74 Kramer, op. cit., p.37.

apresentam concepções e ações que caracterizam o atendimento às crianças.

Diante dos estudos e das ideias de diversos autores aqui expostos sobre a história das sociedades, da família e da infância, assim como das tendências pedagógicas para o trabalho na Educação Infantil, convém buscarmos, também, referências sobre esses aspectos na história do Brasil, ou seja, como era vista a criança brasileira, quando da colonização do Brasil? E nos séculos seguintes? Como ocorreu aqui o movimento de construção do sentimento de infância? A qual modelo educativo eram submetidas as crianças em diferentes épocas? Trataremos a seguir sobre essas questões.

Entre a assistência e a educação:
A história do atendimento à infância no Brasil

Como viveram ou eram vistas as crianças em vários momentos da história do Brasil? Segundo Del Priore, fazer um resgate da história da criança brasileira é encarar um passado trágico, o qual fez parte da vida de milhares de meninos e meninas.

O abandono de bebês, a venda de crianças escravas que eram separadas de seus pais, a vida em instituições que no melhor dos casos significavam mera sobrevivência, as violências cotidianas que não excluem os abusos sexuais, as doenças, queimaduras e fraturas que sofriam no trabalho escravo ou operário foram situações que empurraram por mais de três séculos a história da infância no Brasil. Contudo, se é verdade que dessa história surge uma imagem de autoritarismo e indignidade imposta por adultos às crianças, surge também uma história de amor materno e paterno, de afeto e de humanidade das inúmeras pessoas que acima de preconceitos e interesses mesquinhos, deixaram-se sempre sensibilizar com aquelas que, antes de tudo, são os mais carentes e indefesos dos seres humanos.[75]

---

75 Del Priore, *História da criança no Brasil*, p.8.

EDUCAÇÃO INFANTIL E FORMAÇÃO DE PROFESSORES **49**

A história do atendimento à infância no Brasil mostra tendências diferenciadas em função das concepções de infância que orientavam esse atendimento. O objetivo aqui é resgatar as origens do sentimento de infância no Brasil e os diversos tipos de atendimento infantil oferecidos em cada época, tentando identificar a concepção de infância subjacente às propostas de atendimento destinadas às crianças das classes sociais dominadas.

A periodização adotada divide-se em três grandes momentos. O primeiro trata do atendimento à criança brasileira desde o descobrimento até a fase de 1930, quando se inicia a valorização gradativa da infância e o reconhecimento da necessidade de atendê-las. O segundo analisa a fase de 1930-1980, quando se concretizam trabalhos de assistência social e educacional à infância tendo em vista, principalmente, o "desenvolvimento nacional".[76]

Em continuidade a essa periodização, introduzi um terceiro momento que abarca a fase de 1980 até a atualidade, evidenciando alguns importantes fatos/eventos, deste período, relativos à Educação Infantil.

• A fase pré-1930

Os trabalhos reunidos na obra *História da criança no Brasil*, organizada por Del Priore,[77] levaram os autores a fazer uma "garimpagem" na "imensa, fragmentária e fascinante massa documental em arquivos e bibliotecas", buscando descobrir documentos sobre o passado da criança brasileira que lhes "permitiu ter outro olhar, outra percepção sobre a infância". Esse resgate foi buscar, do período colonial à República dos anos 1930, uma reconstituição do "difícil caminho que a sociedade brasileira tem percorrido para reconhecer, na criança, um ser autônomo e digno".

A visão da infância no Brasil colônia era a de que esta "precisava ser salva dos maus comportamentos adultos". Os missionários

---

76 Kramer, *A política do pré-escolar no Brasil: a arte do disfarce.*
77 Del Priore, op. cit., p.8-9.

da Companhia de Jesus, os jesuítas, recém-chegados na Terra de Santa Cruz, no século XVI, tinham objetivos bem definidos. O primeiro deles era ordenar a colônia para que esta tivesse a "marca civilizatória da metrópole" e, em segundo, ordenar as almas indígenas para que estas recebessem as sementes da palavra de Deus, por eles trazida. "Transformação da paisagem natural e também dos nativos em cristãos: esta era a missão."[78]

De acordo com a referida autora,[79] fato importante daquela época, no que se refere à infância, "foi a elaboração quinhentista e europeia dos primeiros modelos ideológicos sobre a criança". A Igreja Católica foi a responsável pela disseminação das duas imagens de criança: "a da criança mística e a da criança que imita Jesus". Embora essas imagens estivessem desvinculadas da vida das crianças comuns da época, elas contribuíram para a mudança na maneira de os adultos conceberem as crianças. As características humanas da criança, assim como sua doçura e inocência, eram o bastante para associá-la a um ser divino. Embora isso tenha contribuído para a construção do mito da criança-santa, contribuiu, também, para chamar a atenção para as qualidades individuais das crianças.

Essa imagem da infância "era um afresco melhorado e espiritualizado da infância estudada por Ariès, para o final da Idade Média, e que via a criança enquanto um ser anedótico e engraçadinho". A autora ressalta ainda que

> Foi, a nosso ver, a emergência das atitudes de valorização da infância, somada à elaboração de um modelo ideológico da criança-Jesus – ambos emigrados para a colônia na mentalidade jesuítica – que fez a companhia escolher as crianças indígenas como o "papel blanco", a cera virgem em que tanto desejava escrever; e inscrever-se. O objetivo era conquistar, sim, a alma indígena

---

78 Ibid., p.11.
79 Ibid., p.12.

EDUCAÇÃO INFANTIL E FORMAÇÃO DE PROFESSORES 51

[...] mais aquelas alminhas virgens, onde os pecados destas terras tão paradoxais ainda não se tivessem instalado.[80]

Os jesuítas trouxeram a mentalidade europeia da criança enquanto ser gracioso e vulnerável, o que contribuiu para que enxergassem nos pequenos indígenas – ou "muchachos", como os chamavam – inocentes... *mui elegante e formoso*, ou ainda, *mui bons e mui bonitos*. Mesmo assim, "muito mimo" era repudiado, pois a maneira de pensar dos jesuítas sobre educação e disciplina *tinha gosto de sangue*. Segundo eles, o amor do pai ou do educador deve assemelhar-se ao divino, para o qual "amar é castigar e dar trabalhos nesta vida". Os vícios e pecados deveriam ser combatidos com "açoites e castigos".[81]

Segundo Ariès,[82] os jesuítas foram os primeiros a atentar para a especificidade da infância, o conhecimento da psicologia infantil e a preocupação com um método que atendesse a essa psicologia, embora esta estivesse apenas engatinhando na Terra de Santa Cruz. Por outro lado, complementa Del Priore,

crescia a valorização europeia da criança, a noção de que Jesus fora criança e que, finalmente, realizar a missão através das crianças seria uma garantia da constituição de progenituras mais angélicas do que diabólicas. A síntese dessa psicologia significava valorizar a criança para que ela valorizasse o objetivo jesuítico da nova terra. O pepino torcido desde pequeno evitaria "os medonhos pecados", e mais do que isso, o trabalho jesuítico seria visto como uma benesse. [...] A infância é percebida como momento oportuno para a catequese porque é também momento de unção, iluminação e revelação.[83]

---

80 Ibid.
81 Anchieta (1564) apud Del Priore, op. cit., p.13.
82 Ariès, op. cit. apud Del Priore, op. cit.
83 Del Priore, op. cit., p.15.

A atividade dos missionários jesuítas na colônia tinha como objetivo principal o esvaziamento da identidade indígena. Ao exibir as diferenças culturais conseguiam aproximar os indígenas e, mais ainda, conseguiam ser temidos por eles. As festas que realizavam ao som de músicas e danças tradicionais portuguesas encantavam os indígenas que pediam repetição. As marcas do esvaziamento da cultura indígena podiam ser vistas de várias formas. Era exigido que os indígenas se vestissem, aprendessem jogos dos "meninos do reino", nos batismos eram enfeitados com "roupetinhas brancas, e com capelas de flores na cabeça [...]", nas procissões carregavam cruzes e trajavam-se de modo a parecerem galantes e polidos. No entanto, a habilidade dos jesuítas de cooptar as crianças indígenas se valia também de momentos críticos vividos pelas comunidades indígenas, "como os de tantos surtos epidêmicos, para acionar a procissão de crianças e beneficiar-se do clima de devota piedade que suscitavam tais cenas".[84]

Quanto aos rituais católicos, os indígenas reuniam-se em torno dos missionários e os imitavam. Del Priore[85] considera que é possível que os indígenas tenham "identificado os jesuítas a xamãs-profetas e a retórica católica às pregações de seus feiticeiros sobre o fim do mundo próximo". Essas demonstrações de empatia dos indígenas para com os jesuítas se confirmavam quando eles levavam seus filhos voluntariamente para serem por eles ensinados. Eram "os chamados 'órfãos da terra' que se reuniam sob os cuidados jesuíticos das chamadas 'casas de muchachos'. Uma vez na escola, eram instruídos otimamente nos rudimentos da fé, no estudo dos elementos e no escrever".[86]

A disciplina da pedagogia jesuítica era bastante rígida e qualquer resistência parecia, aos olhos dos jesuítas, como *tentação demoníaca*. Incluía, ainda, severas punições e rituais de autofla-

---

84 Ibid., p.21.
85 Ibid., p.16.
86 Nóbrega (1560) apud Del Priore, op. cit., p.17.

EDUCAÇÃO INFANTIL E FORMAÇÃO DE PROFESSORES   53

gelamento, o que fazia com que alguns indígenas abandonassem a escola, como nos mostra Del Priore:

> Os "indiozinhos" não se flagelavam apenas nas procissões, mas depois de "varrer as ruas [...] as praticavam pelo espaço de um *Miserere mei Deus* a portas fechadas dentro da igreja" a ponto de ferir-se que "foi necessário muitos deles curarem-se em casa" (In: Carta Antonio Blazquez, 1564). E o castigo não era só exemplar, mas também pedagógico. Aqueles que se negavam a participar do processo doutrinal sofriam corretivos e castigos físicos. O "tronco" funcionava como *aide-mémoire* para os que quisessem faltar à escola e as "palmatoadas" eram comumente distribuídas "porque sem castigos não se fará vida", sentenciava o padre Luiz de Grã em 1553. As punições se faziam presentes a despeito de reação dos índios que, a estas, preferiam ir embora: "a nenhuma coisa sentem mais do que bater ou falar alto" (Leite, *Novas Cartas Jesuíticas*).[87]

O projeto jesuítico de *aculturação* dos índios começa a falhar quando estes chegam à puberdade e começam a *apoderar-se de si*. Era a idade ingrata e perigosa aos olhos dos jesuítas que afirmavam que quanto mais modestos e obedientes fossem os índios aos costumes cristãos quando pequenos, ao chegar à puberdade se tornavam mais corruptos, sem-vergonhas e maus. A entrada na adolescência era o retorno dos "indiozinhos" aos costumes de seus pais, momento de deixar as *casas de muchachos* e voltar para a sua casa. "A puberdade marca, por fim, a expulsão do paraíso prometido pelos jesuítas, onde na realidade eles não queriam ter nada mais do que crianças dóceis e obedientes. Assinala-se, então, o abandono do jardim de infância."[88]

Tal realidade fez com que os objetivos do projeto missionário jesuítico passassem por algumas mudanças. Não se pretendia mais formar cristãos, passando a investir mais na instrução. Perceberam

---

87 Del Priore, op. cit., p.22.
88 Ibid., p.23.

que o "papel branco tinha caracteres impressos bem antes do desembarque da primeira missão capitaneada por Manoel da Nóbrega. [...] Os jesuítas letrados, educadores e moralistas, enfim, não o souberam ler".[89] Agora, livres da *fantasia do pequeno-Jesus*, porém, de qualquer forma, marcados pela cultura europeia, os mestiços, mamelucos e índios podiam, então, "escrever por sua vez e de forma definitivamente sincrética, outra história em outro papel".[90] O sincretismo religioso cresceu ao longo do período colonial.

A partir de então, a história da criança brasileira, especialmente aquelas das classes menos favorecidas economicamente, desenvolveu-se em meio ao descaso, à discriminação e ao abandono. Até meados do século XIX, isto é, desde o descobrimento até 1874, pouco se fazia no Brasil pela *infância desditosa*, tanto no que tange à proteção jurídica quanto às alternativas de atendimento existentes.[91]

A produção científica sobre a origem das instituições brasileiras de atendimento infantil, na primeira metade do século XVIII, revela que tinham objetivo assistencial, ou seja, preocupavam-se, essencialmente, com a guarda e em garantir os cuidados físicos de que necessitavam. Esse caráter assistencial configurou-se em função da classe social à qual as instituições se destinavam, isto é, às classes populares. Segundo Kuhlmann Jr.,[92] os objetivos educacionais dessas instituições almejavam disciplinar e apaziguar as relações sociais. Era a *pedagogia da submissão*.

Como já dissemos anteriormente, a história da criança brasileira é uma história de abandono, fenômeno que se observou aqui desde a colonização. A primeira forma de atendimento assistencial à infância no Brasil foi a das Câmaras Municipais, as quais "deveriam, por imposição das Ordenações do Reino, amparar toda criança abandonada em seu território". As Câmaras raramente

---

89 Ibid., p.24-5.
90 Ibid.
91 Kramer, *A política do pré-escolar no Brasil: a arte do disfarce*.
92 Kuhlmann Jr., op. cit., p.182.

EDUCAÇÃO INFANTIL E FORMAÇÃO DE PROFESSORES   55

assumiam essa responsabilidade e, quando o faziam, "limitaram-se a pagar um estipêndio irrisório para que amas de leite amamentassem e criassem as crianças".[93]

Segundo Souza (1998), há indícios de que a Irmandade de Santa Ana, criada em 1730, em Vila Rica, tomou para si a tarefa de cuidar das crianças expostas. O crédito maior é de que as Câmaras Municipais tenham sido pioneiras nessa forma de atendimento. Não foi criada nenhuma entidade especial para atender tais crianças, mas ocorria de estas, às vezes, terem a "sorte" de ser acolhidas por uma família – os chamados "filhos de criação" – que quase sempre as transformavam na futura mão de obra fiel e gratuita da família, como ressalta Marcílio:[94]

> Havia de fato descaso, omissão, pouca disposição para com esse serviço que dava muito trabalho. A maioria dos bebês que iam sendo largados por todo lado acabavam por receber a compaixão de famílias que os encontravam. Estas criavam os expostos por espírito de caridade, mas também, em muitos casos, calculando utilizá-los, quando maiores, como mão de obra suplementar, fiel, reconhecida e gratuita; dessa forma melhor do que a escrava.

Segundo os estudos de Marcílio, foi criada, ainda na colônia (1726), a *Roda dos Expostos*,[95] que existiu durante os três grandes regimes da nossa história, multiplicando-se no período imperial, mantendo-se durante a República e sendo extinta apenas, de forma definitiva, na década de 1950. Administrado pela Santa Casa de Misericórdia, este sistema de assistência caritativa, missionária, foi criado para amparar as crianças que eram abandonadas por suas famílias. Segundo a referida autora,

---

93 Marcílio, A roda dos expostos e a criança abandonada na História do Brasil. In: Freitas (org.), *História social da infância no Brasil*, p.51.

94 Marcílio, op. cit., p.52.

95 Sistema de atendimento à criança abandonada inventado na Europa medieval (Itália/Lisboa) também chamada de *Roda dos Enjeitados* (Marcílio, op. cit., p.51).

O nome da roda provém do dispositivo onde se colocavam os bebês que se queriam abandonar. Sua forma cilíndrica, dividida ao meio por uma divisória, era fixada no muro ou na janela da instituição. No tabuleiro inferior e em sua abertura externa, o expositor depositava a criança que enjeitava. A seguir, ele girava a roda e a criança já estava do outro lado do muro. Puxava-se uma cordinha com uma sineta, para avisar a vigilante ou rodeira que um bebê acabava de ser abandonado e o expositor furtivamente retirava-se do local, sem ser identificado.[96]

Dessa forma, se preservava a vida das crianças que antes eram deixadas à própria sorte em bosques, lixos, caminhos, portas de igreja e casas de famílias e que quase sempre morriam de frio, fome ou eram comidas por animais antes de serem encontradas e recolhidas por almas caridosas. As rodas foram criadas, também, para garantir o anonimato daqueles que abandonavam seus filhos, para evitar aborto ou infanticídio e, ainda, para defender a honra de famílias cujas filhas haviam engravidado fora do casamento.

A *Roda dos Expostos* surgiu do uso indevido de um cilindro giratório de madeira onde, nos mosteiros e conventos medievais, eram depositados objetos, alimentos e mensagens aos residentes. O cilindro era girado e os objetos passavam para o interior do mosteiro, sem que os internos vissem quem os tinha deixado, evitando assim o contato dos enclausurados com o mundo exterior e garantindo sua opção pela vida religiosa contemplativa.[97]

Surge daí a prática de deixar crianças na roda, quando ela ainda não tinha esta função, pois muitos pais que queriam abandonar seus filhos os deixavam nas rodas dos mosteiros, no intuito de que eles fossem criados pelos monges, fossem batizados e recebessem educação primorosa – eram os chamados oblatos.[98]

---

96 Ibid., p.55.
97 Ibid., passim.
98 Crianças doadas pelos pais ao serviço dos mosteiros, durante a Idade Média (Marcílio, op. cit., p.55).

No Brasil do século XVIII existiram três *rodas*. A primeira em Salvador (1726), depois no Rio de Janeiro (1738) e a última em Recife (1789). No início do Império foi criada uma roda em São Paulo (1825). No total, no Brasil foram criadas treze rodas, sendo que "as demais foram criadas no rastro da Lei dos Municípios que isentava a Câmara da responsabilidade pelos expostos, desde que na cidade houvesse uma Santa Casa de Misericórdia que se incumbisse desses pequenos desamparados". Esse sistema perdurou até a década de 1950, ou seja, durante mais de dois séculos, sendo a única instituição de assistência à criança abandonada no Brasil. "Sendo o Brasil o último país a abolir a chaga da escravidão, foi ele igualmente o último a acabar com o triste sistema da roda dos enjeitados."[99]

É interessante observar, através dos estudos dessa autora, que, nas atas da Mesa da Santa Casa em 1844, as iniciativas das autoridades de criar um sistema de amparo às crianças, expostas iam além da preocupação com o crescente abandono de bebês na cidade de Salvador. Temia-se, também, que as crianças ao serem deixadas nas ruas morressem sem terem passado pelo Sacramento do Batismo, o que nos leva a constatar que se concebia a criança como fruto do pecado que precisava ser redimido pelo batismo.

Segundo Kramer,[100] o atendimento à criança pequena naquele período era desenvolvido em grande parte por associações beneficentes, ou seja, atendiam crianças das classes menos favorecidas social e economicamente (filhos da união de escravos ou destes com senhores), crianças que não haviam nascido de uma "família padrão".

De acordo com Kuhlmann Jr.,[101] as creches, naquele período, eram vistas como *asilos infantis*, pois as preocupações com o atendimento à infância voltavam-se para os filhos de escravas que, após a Lei do Ventre Livre, passaram a ser problema para as donas de

---

99 Ibid., p.51.
100 Kramer, *A política do pré-escolar no Brasil: a arte do disfarce.*
101 Kuhlmann Jr., op. cit.

casa, uma vez que, se não tivessem assistência educacional, poderiam ser convertidos em inimigos da tranquilidade futura.

O referido autor ressalta, ainda, que as creches surgiram no Brasil no final do século XIX, "mais para atender às mães trabalhadoras domésticas do que as operárias industriais", pois ainda não havia uma demanda efetiva pelo trabalho feminino nas indústrias. Essa demanda existia nos países europeus, especialmente na França e, por conta disso, aqui no Brasil, a "creche era proposta em nome da ampliação do trabalho industrial feminino".[102]

As instituições de atendimento infantil foram surgindo na perspectiva de atendimento aos pobres. Tinham caráter de guarda e preocupavam-se apenas com a alimentação, a higiene e a segurança física das crianças. Tal atendimento contava com as chamadas *criadeiras*, amas de leite[103] ou mães mercenárias, com precárias condições de higiene. O atendimento em creches era defendido pelos sanitaristas que se mostravam preocupados com as condições de vida da população operária. Os médicos e higienistas da época condenavam o aleitamento mercenário (escravas de aluguel) por considerarem ser esta a causa do alto índice de mortalidade infantil da época, atribuindo aos escravos a responsabilidade pelas doenças e a consequente morte de crianças pequenas.

Nesse contexto, é importante citar opiniões contrárias à criação dos jardins de infância como João Köpke (1896), o qual publicou artigos em inúmeros jornais da época posicionando-se contrariamente em relação à criação do jardim da infância anexo à Escola Normal:

> Se no pensamento de Fröebel o jardim da infância não é uma instituição de ensino, mas, tentando ensinar, inclua noções falsas

---

102 Ibid., p.83.

103 As amas de leite eram em sua quase totalidade mulheres extremamente pobres, solteiras, ignorantes e residentes nas cidades. Algumas eram mulheres casadas ou escravas. Como recebiam uma quantia para cuidar das crianças abandonadas, era comum não declarar a morte de uma criança à Santa Casa e continuar por algum tempo recebendo o seu salário de ama, como se o bebê estivesse vivo. As Misericórdias não tinham como controlar as crianças que protegiam (Marcílio, op. cit.).

EDUCAÇÃO INFANTIL E FORMAÇÃO DE PROFESSORES   59

sobre coisas deste mundo, em que o homem em gérmen na criança tem assinalado um papel; – se é um instrumento de educação, mas perverte, por exemplo, o efeito da cultura estética, fazendo-a em moldes, que mecanizam, e assim destroem a espontaneidade nas manifestações dos jovens espíritos, cuja evolução pretendem encaminhar ao sentido da própria felicidade e do progresso da comunhão social – qualquer simpatia, que sobre ele possa lançar o extremo amoroso de seu instituído amor pelas crianças, desaparece, e ele se pode perfeitamente apontar à condenação como uma instituição perniciosa, que, sobretudo, o seu artifício à função mais congenialmente exercida pelo intermédio natural e eficaz [...] solapa a família, [...] o caráter do indivíduo, e, na degradação do indivíduo e da família, prepara a dissolução da sociedade. Contrário aos jardins de infância, elaboração engenhos de um Krasscismo requintado até á quintessência pelo pendor teutônico para a metafísica, reconhecemos, entretanto, que na sua forma *ideal* possam eles merecer muito mais a tolerância do que esta espécie americanizada e transfundida sem preocupação teórica para o generoso estado de São Paulo.[104]

Mesmo havendo posicionamentos declaradamente contrários a esse tipo de instituição, era crescente o interesse pela infância desprotegida, as instituições de atendimento eram insuficientes e não havia um propósito claro para tal atendimento. Por isso, a mobilização de grupos interessados no atendimento às crianças pequenas resultou na criação do Instituto de Proteção e Assistência à Infância do Brasil, em 1899, com os objetivos de:

atender aos menores de oito anos, elaborar leis que regulassem a vida e a saúde dos recém-nascidos; regulamentar o serviço das amas de leite, velar pelos menores trabalhadores e criminosos; atender às crianças pobres, doentes, defeituosas, maltratadas e

---

104 Köpke apud Monarca, op. cit., p.85.

moralmente abandonadas; criar maternidades, creches e jardins de infância.[105]

A criação do Instituto desencadeou o surgimento de várias outras instituições de atendimento infantil como creches para filhos de operários e jardins de infância. A concepção de infância que orientava essas instituições era a da criança como um ser frágil e necessitado de cuidados e proteção. Assim, à instituição cabia garantir à sociedade a permanência e a estabilidade indispensáveis ao seu progresso e engrandecimentos futuros.

No mesmo ano de criação do Instituto foi inaugurada a primeira creche brasileira para filhos de operários de que se tem registro, a qual pertencia à Companhia de Fiação de Tecidos Corcovado (RJ). Ao lado dessas iniciativas de atendimento à infância pobre, criavam-se também instituições pré-escolares, sob o discurso de um atendimento *pedagógico*. Segundo Kuhlmann Jr., esse termo foi utilizado com a intenção de legitimar os interesses de um atendimento infantil privado, como explicita o autor:

> A preocupação daqueles que se vinculavam às instituições pré-escolares privadas brasileiras era com o desenvolvimento das suas próprias escolas. Nota-se, entre eles, a utilização do termo "pedagógico" como uma estratégia de propaganda mercadológica para atrair as famílias abastadas, como uma atribuição do jardim de infância para os ricos, que não poderia ser confundido com os asilos e creches para os pobres.[106]

Tais propostas "pedagógicas" eram uma imitação do ensino pré-escolar europeu (França, Suíça, Áustria e Alemanha), os chamados *kindergarten* (jardim de infância), instituições pré-escolares procuradas pelas famílias das elites. Essas instituições tinham orientação pedagógica froebeliana, a qual foi adotada também

---

105 Kramer, *A política do pré-escolar no Brasil: a arte do disfarce*, p.52.
106 Kuhlmann Jr., op. cit., p.83-4.

EDUCAÇÃO INFANTIL E FORMAÇÃO DE PROFESSORES 61

pelas pré-escolas brasileiras privadas. Por outro lado, as iniciativas de atendimento infantil, centradas no cuidado e na proteção às crianças pobres, criaram um estigma social para as instituições populares, ou seja, de que eram destinadas ao atendimento de crianças das classes subalternas.

A história da assistência tem sido também a da produção de uma imagem do pobre como ameaça a ser controlada. As instituições cumpririam uma função apaziguadora. Interpreta-se a pobreza a partir da generalização de características parcializadas. Essa lógica ainda se faz presente quando se reduz a história da infância à da infância abandonada, quando a criança pobre é identificada como "menino de rua", que, por sua vez, torna-se sinônimo de "trombadinha", ou "menor infrator", reproduzindo a concepção de pobreza forjada nos moldes das concepções assistenciais do início do século.[107]

A mesma equipe fundadora do Instituto de Proteção e Assistência à Infância do Brasil criou, em 1919, o Departamento da Criança no Brasil, "criado e mantido em termos de recursos por Moncorvo Filho, sem receber qualquer auxílio do Estado ou da municipalidade".[108] Tal fato começa a retirar as autoridades governamentais da inércia em que se encontravam frente ao atendimento à infância brasileira.

Pode-se dizer que a entrada do governo no atendimento à criança tinha interesses políticos bem definidos, instalando, por isso, um novo sentimento (concepção) em relação à criança. A concepção brasileira de criança, na sua origem, é a de um ser com características divinas (criança = menino Jesus) que, mais adiante, começa a ser percebida como um ser puro e frágil que precisa ser protegido dos males do mundo. Com o crescente interesse do governo pela infância, a criança deixa de ser alguém necessitado

---

107 Ibid., p.28.
108 Kramer, op. cit.

apenas de cuidados e proteção para ser preparada para ser o adulto de amanhã. Como expressa Kramer, "ao se valorizar a criança enquanto matriz do homem e redentora da pátria, essa criança era considerada como um ser único, sem qualquer referência à sua classe social".[109]

Consequentemente, o atendimento à criança passa a ter outro significado. A educação que era elitizada passava a figurar como possibilidade de ascensão social. O discurso de uma educação democrática defendia, entre outras coisas, o direito de todas as crianças à educação. Isso tudo tinha como pano de fundo o movimento escolanovista, no início do século XX, que despontava como inovação no cenário educacional brasileiro, incluindo uma forte dose de "psicologização no trabalho educativo".

A partir da segunda metade do século XIX e durante todo o século XX, período em que se consolidou o regime republicano em nosso país, "conferiu-se uma maior visibilidade e centralidade à infância, colocando-se em primeiro plano a problemática relativa ao cultivo das gerações mais novas e objetivando sua inserção na esfera pública, isto é, no mundo dos adultos".[110] A infância, então, passa de abandonada a centro das atenções no que tange aos interesses governamentais, pois o investimento em seu atendimento significava benefícios políticos ao Estado, o que acentuou ainda mais, nos anos subsequentes, a participação dessa esfera no atendimento à criança no Brasil.

De acordo com Kuhlmann Jr.,

> No fim do século XIX e início do século XX [...] criaram-se leis e propagaram-se instituições sociais nas áreas da saúde pública, do direito da família, das relações de trabalho, da educação. As instituições jurídicas, sanitárias e de educação popular substituíam a tradição hospitalar e carcerária do Antigo Regime. São iniciativas que expressam uma concepção assistencial a que denominamos

---

109 Ibid., p.54.
110 Monarca, op. cit., p.1.

EDUCAÇÃO INFANTIL E FORMAÇÃO DE PROFESSORES

"assistência científica" – por se sustentar na fé, no progresso e na ciência característica daquela época.[111]

Nesse período, aumentou, também, a criação de creches junto às indústrias, resultante de recomendações frequentes nos congressos que abordavam a assistência à infância, como forma de regulamentar as relações de trabalho, particularmente quanto ao trabalho feminino. São criados os *parques infantis* para os filhos de operários e os *jardins de infância* para os filhos das camadas privilegiadas. Essa educação assistencialista, destinada às camadas mais pobres, tinha o mérito de retirar as crianças das ruas, mas, por outro lado, oferecia um atendimento de baixa qualidade.

previa-se uma educação que preparasse as crianças pobres para o futuro "que com maior probabilidade lhes esteja destinado"; não a mesma educação dos outros, pois isso poderia levar essas crianças a pensarem mais sobre sua realidade e a não se sentirem resignadas em sua condição social.[112]

Considerando a concepção de criança e o objetivo das instituições de atendimento infantil em nível público nesse período, os adultos que lidavam com as crianças eram pessoas que não tinham qualquer qualificação, bastava querer e gostar de crianças para delas cuidar.

• A fase de 1930-1980

No início dessa fase, o discurso médico de preocupação com a precariedade de vida das camadas populares e da sua marginalização cultural estabelece como objetivo da educação a compensação das carências biopsicossociais apresentadas no desenvolvimento da criança, de forma a prepará-la para que não fracassasse nas etapas escolares posteriores.

---

111 Kuhlmann Jr., op. cit., p.60.
112 Ibid., p.183.

64   HELOISA HELENA OLIVEIRA DE AZEVEDO

Essa concepção de Educação Infantil com função preparatória para as séries iniciais do 1º grau reforçou esse atendimento de cunho compensatório.

A crítica à educação compensatória trouxe à tona seu caráter assistencialista, discriminatório. Nesse contexto, o assistencialismo foi configurado como uma proposta educacional específica para esse setor social, dirigida para a submissão não só das famílias, mas também das crianças das classes populares.[113]

As creches e pré-escolas iniciaram seu processo mais recente de expansão na década de 1970, quando também se intensificaram vários movimentos sociais, inclusive aqueles que reivindicavam a implantação de creches e pré-escolas que respeitassem os direitos das crianças e de suas famílias. É característica desse período a ênfase ao assistencialismo no atendimento às camadas mais pobres da população. As medidas assistenciais do governo, como a merenda escolar, eram tomadas em detrimento da melhoria do salário dos professores e da destinação de mais verbas para a educação, que eram as principais críticas dos movimentos de reivindicação dos educadores, como ressalta Kuhlmann Jr.:

> Queria-se defender a qualidade do ensino e a culpa de sua queda parecia ser por conta de a escola preocupar-se com a nutrição e não com a educação. É nesse contexto que "educação" passou a ser vista como oposto de "assistência" [...] passou-se a defender que as creches – e também a pré-escola que atendia as classes populares – precisavam de um "projeto educacional".[114]

O governo federal estabelece, assim, o Programa Nacional de Pré-Escolas, o qual propõe como meta o desenvolvimento harmônico e global das crianças. Aumenta o número de creches domici-

---

113 Ibid., p.182.
114 Ibid., p.198-9.

EDUCAÇÃO INFANTIL E FORMAÇÃO DE PROFESSORES **65**

liares para a população de baixa renda e o de creches, berçários e jardins de infância para crianças de classe média. Em todos eram presentes as concepções de que a criança se desenvolve como uma "sementinha" e de que a professora deve ser a "jardineira" que cuida para que "desabrochem" flores e frutos belos e saudáveis.

Esse período é também marcado pelo surgimento de várias propostas de atendimento à infância, em função da multiplicidade de órgãos criados para tal. "A causa da criança despertava o interesse de autoridades oficiais e consolidava iniciativas particulares."[115] Essas propostas tinham em comum uma concepção de criança como um *vir a ser*, algo inacabado que precisava ser moldado e preparado para o amanhã, desconsiderando-se o momento presente da criança.

Diante de tal contexto, a família da criança era culpabilizada pelo abandono e descuido com as crianças, pois sua situação social não era considerada nas análises do governo. Ao atribuir essa culpa à família, retirava-se a responsabilidade do Estado de oferecer atendimento, como ressalta Kramer:

> A tônica do atendimento proposto era médica: via-se na medicina preventiva uma maneira de remediar e socorrer a criança e sua família, genericamente concebida como família moderna, que era considerada como o foco do problema. Culpava-se, então, a família pela situação da criança.[116]

Colocando unicamente para a família a responsabilidade pelas suas crianças, o Estado passa a assumir um papel de redentor das crianças abandonadas, ou seja, começa a pregar a imagem da criança como o "futuro do país". A partir de então, as iniciativas governamentais de atendimento à infância seriam de cuidado e proteção da criança que seria a "esperança de um mundo melhor".

---

115 Kramer, op. cit., p.57.
116 Ibid., p.59.

Como pudemos constatar, atribuiu-se historicamente às instituições de Educação Infantil uma função unicamente assistencial, devido à sua vinculação administrativa aos órgãos de assistência, definindo-as, desde sua origem, como espaços de atendimento para crianças pobres que, por sua vez, eram vistas como seres necessitados apenas de cuidados físicos e proteção. O reconhecimento do atendimento infantil como parte do sistema educacional pela Constituição de 1988 e pela Lei de Diretrizes e Bases da Educação Nacional (LDB), embora possa ser considerado como superação de um obstáculo, não significa que é a partir deste momento que essas instituições passam a ter a função educativa.

A esse respeito, Kuhlmann Jr.[117] afirma que as creches e pré-escolas assistencialistas foram concebidas e difundidas como instituições educacionais, o que invalida a ideia de que elas precisariam deixar de ser assistenciais para se tornarem educacionais. A ideia de que tornar as creches espaços "educativos" seria imprimir algo "novo" acabou por se tornar a tônica da reformulação de grande número de propostas de atendimento dessa faixa etária nos dias de hoje, ou seja, as propostas se diziam *inovadoras* pelo fato de deixarem de ser "assistenciais" para se tornarem "educativas".

Sobre isso, o mesmo autor ressalta que:

> Um estudo mais cauteloso e atento das fontes mostra-nos que a história não é bem essa. Ao anunciar o educacional como sendo o "novo" necessário, afirma-se a "educação" como o lado do "bem", e a assistência como o império do "mal", assim como se estabelece uma oposição irreconciliável entre ambas. [...] Não são as instituições que não têm caráter educacional e sim os órgãos públicos da educação, os cursos de pedagogia e as pesquisas educacionais que não se ocuparam delas por um longo período.[118]

---

117 Kuhlmann Jr., op. cit., p.200.
118 Ibid., p.202.

EDUCAÇÃO INFANTIL E FORMAÇÃO DE PROFESSORES 67

• A fase de 1980 até a atualidade

A partir da década de 1980, algumas mudanças foram feitas em relação ao atendimento à criança pequena. A Constituição de 1988, o Estatuto da Criança e do Adolescente (ECA) de 1990, o Encontro Técnico sobre Política de Formação do Professor de Educação Infantil (1994),[119] a LDB (1996), o Referencial Curricular Nacional para a Educação Infantil (1998), as Diretrizes Curriculares Nacionais para a Educação Infantil (1998) e os Referenciais para Formação de Professores (1999) constituem-se fatos que contribuíram para que o atendimento à criança de até 6 anos e a formação profissional que com elas atua merecessem mais atenção da legislação. Essas conquistas, em termos legais, "inserem a criança de até 6 anos no interior do sistema escolar, na educação básica, garantindo o direito da criança à educação e, consequentemente, impondo ao Estado a obrigatoriedade de oferecer instituições para essa faixa etária".[120]

Em função dessa nova realidade, a concepção de criança também passa por reformulações. O desenvolvimento de pesquisas na área contribuiu de forma significativa para que se começasse a construir outro olhar sobre a criança, reconhecendo-a como um ser histórico e social, inserida em uma determinada cultura, um ser em desenvolvimento, que já faz parte da sociedade, que já é cidadã.

Dessa forma, o atendimento oferecido à criança em diferentes épocas está vinculado à concepção que determinada sociedade tinha dela em cada momento. Não diria que "avançamos" ou que "evoluímos" em nosso modo de pensar a criança, mas que "acompanhamos" as transformações que as sociedades foram vivendo em termos políticos e sociais, o que torna inescapável a modificação de nossa maneira de pensá-la.

---

119 Esse evento será apresentado com mais detalhes no capítulo seguinte, por se constituir no ponto de partida para a elaboração de propostas de políticas para a formação de professores de Educação Infantil.

120 Kishimoto, Política de formação profissional para a Educação Infantil, *Revista Educação & Sociedade*, n.68, p.61.

68 HELOISA HELENA OLIVEIRA DE AZEVEDO

Consequentemente, nossa maneira de lidar com a criança também mudou. Se no início se pensava em apenas "cuidar" dela, mais tarde se propôs "educá-la" em resposta às transformações e exigências políticas que se faziam, provocando uma dicotomia nesse atendimento em termos sociais, ou seja, às crianças das classes populares era oferecido atendimento assistencial (cuidar) e às da elite se oferecia atendimento educacional (educar), de aprendizado de leitura, escrita e conteúdos escolares. Essa separação também se dava pela idade das crianças, oferecendo-se às de até 3 anos apenas cuidados e às de 4 a 6 anos,[121] educação nos moldes escolares.

Evidentemente, não podemos desconsiderar que também se fizeram mudanças quanto ao perfil dos adultos que lidam com elas, provocando o estabelecimento de exigências quanto à formação adequada dos professores que atuavam com as crianças de até 6 anos. O atendimento à criança pequena, ao longo da história, tem sido objeto de análises e críticas por parte dos interessados no assunto, no intuito de encontrar uma forma de atendimento que esteja mais próxima das necessidades da educação infantil, em consonância com a formação profissional que é oferecida aos adultos que com elas atuam.

A situação atual do atendimento obrigatório à criança a partir de 4 anos[122] é resultado de muitas lutas e reivindicações pelo reconhecimento dos direitos das crianças nos vários âmbitos da vida da sociedade (político, assistencial, médico, jurídico e educacional). As conquistas e retrocessos – os quais são abordados no capítulo seguinte – que hoje fazem parte dessa realidade são importantes para nossa reflexão sobre o problema da separação cuidar-educar.

---

121 Atualmente, a Educação Infantil atende crianças de até 5 anos. Essa alteração foi feita pela Lei 11.274/2006, que inseriu as crianças de 6 anos no Ensino Fundamental.

122 A Lei 12.796, de 4 de abril de 2013 (publicada no *Diário Oficial da União* n.65, Seção 1, p.1) altera a LDB 9.394/96, tornando obrigatória a "educação básica gratuita a partir dos 4 (quatro) aos 17 (dezessete) anos de idade". Além de determinar a nova organização da Educação Infantil (arts. 29 e 30), também altera os arts. 61 e 62 que tratam da formação dos docentes.

2
A FORMAÇÃO DE PROFESSORES DE EDUCAÇÃO INFANTIL NO CONTEXTO DAS POLÍTICAS PÚBLICAS: A CONSTRUÇÃO DO BINÔMIO CUIDAR-EDUCAR

Sendo o nosso foco de análise e discussão o problema da separação cuidar-educar na Educação Infantil, ressaltando o importante papel dos formadores na formação de seus professores, é de fundamental importância a discussão sobre mudanças e exigências que vêm sendo feitas, ao longo da história, quanto ao perfil de professor para atuar nessa área, em diferentes épocas, no intuito de identificar aspectos que nos ajudem a compreender como a trajetória dessa formação participa na construção desse binômio.

Nosso ponto de partida para compreensão do percurso histórico dessa formação situa-se no final da década de 1970 e no decorrer da década de 1980, período no qual ocorreram reformas educacionais significativas no que se refere à formação dos professores de Educação Infantil, impulsionadas pelos movimentos sociais e de educadores e, nesse contexto, intensificaram-se as discussões sobre tal formação.

A formação de professores em nível médio (Curso Normal) tem se pautado na mera transmissão de conhecimentos, na ênfase à preparação instrumental do professor privilegiando a transmissão/recepção de conhecimentos teóricos descontextualizados e o desenvolvimento de atividades manuais como confecção de cartazes, álbuns de exercícios de coordenação motora, cartilhas com alfa-

70 HELOISA HELENA OLIVEIRA DE AZEVEDO

beto ilustrado etc., de forma descontextualizada, sendo os futuros professores normalmente submetidos a um modelo de reprodução acrítica dos ensinamentos de seus formadores.

Tal caráter meramente instrumental tem sido, ao longo desses anos, legitimado no curso de formação em algumas disciplinas como as didáticas (ou metodologias) da Língua Portuguesa, da Matemática, de Estudos Sociais, das Ciências, que se desenvolvem, na grande maioria das vezes, de modo a fornecer modelos (receitas) de "como ensinar" os conteúdos dessas áreas de conhecimento. Por outro lado, as demais disciplinas são ministradas de forma prescritiva, como simples aplicação de teorias à prática docente. Esse aspecto técnico está intimamente relacionado ao modelo de formação vigente.

Complementando esse modelo de formação, no último ano do curso, acontecem os *estágios supervisionados*, atividade principal de disciplinas de prática de ensino, no qual o futuro professor é submetido a simulações de situações de sala de aula que, por serem artificiais, levam-no a uma visão equivocada de sua profissão.

Sobre os estágios de ensino, Garcia ressalta que

Quase sem exceção, a literatura de pesquisa considera que os estágios de ensino fazem que os alunos estagiários sejam mais autoritários, impessoais, burocráticos e controladores. Isso se explica na medida em que os alunos estagiários encontram-se com uma cultura escolar em que os professores tutores pressionam em favor da ordem, do controle e do cumprimento de objetivos.[1]

A formação do professor vem se desenvolvendo, ao longo do século XX, sob o domínio do pensamento científico moderno e da sua maneira técnica de conceber e lidar com o conhecimento, resultando em uma formação mecânica de professores, pois privilegiam os meios em detrimento dos fins educacionais. Como podemos

---

1 Garcia, Pesquisa sobre a formação de professores: o conhecimento sobre aprender a ensinar, *Revista Brasileira de Educação*, n.9, p.56.

EDUCAÇÃO INFANTIL E FORMAÇÃO DE PROFESSORES   71

observar, as ideias que fundamentam a formação de professores na sua origem pressupõem uma maneira de lidar com o conhecimento que separa as construções teóricas da atuação prática.

Dentro dessa concepção de formação é que se tem constituído o professor docente, oferecendo-se a ele uma gama de conhecimentos científicos aliados ao domínio de algumas técnicas de como aplicá-los na prática. Contrário a essa concepção, Imbernón ressalta que "é difícil generalizar situações de docência já que a profissão não enfrenta problemas e sim situações problemáticas contextualizadas",[2] ou seja, não é possível prever, no espaço da formação, as inúmeras situações nas quais o professor irá se envolver na sua prática. Como prever soluções aos problemas que ainda não existem?

A formação docente tem incorporado um modelo de formação centrado na aquisição de conhecimentos teóricos e técnicos e na "aplicação" destes no contexto da prática, ou seja, de uma "racionalidade técnica, na qual a atividade do professor é, sobretudo instrumental, dirigida para a solução de problemas mediante a aplicação rigorosa de teorias e técnicas científicas".[3] Tal modelo de formação supervaloriza teorias e princípios a serem "aplicados" em detrimento dos "problemas concretos e únicos" a serem vivenciados na prática, que nem sempre encontrarão "a resposta" adequada "receitada" pelos princípios, exatamente porque tais problemas são inéditos, formulados na dinâmica do real, acerca do qual o professor não detém o controle.

Esse modelo de formação docente tem suas raízes numa forma positivista de compreender o conhecimento e a atuação do professor docente, considerando o professor como um mero "intérprete de manuais de instrução", dificultando qualquer atitude criativa do professor sobre sua ação docente. Como decorrência dessa epistemologia positivista, os conhecimentos advindos da prática não são

---

2 Imbernón, p.38.

3 Pérez Gómez, O pensamento prático do professor: a formação do professor como professor reflexivo. In: Nóvoa (org.), *Os professores e sua formação*, p.96.

considerados na sua formação, pois numa visão de formação docente pautada na *racionalidade técnica* não se reconhece a influência da experiência prática como componente da formação do professor.

Podemos depreender, então, que a epistemologia positivista, dominante nos espaços de formação docente, configura-se como um dos obstáculos às mudanças necessárias no contexto da formação, uma vez que reduz a atuação do formador ao repasse de métodos e técnicas de ensino. Uma característica marcante do modelo de formação pautado na *racionalidade técnica* é a total desarticulação teórico-prática na formação docente, em que a prática só acontece após a aquisição dos conhecimentos teóricos.

Com base na racionalidade técnica, os currículos formativos tendem a separar o mundo acadêmico do mundo da prática. Segundo Schön,[4] tais currículos estabelecem como regra proporcionar aos estudantes, no início de seus cursos, um sólido conhecimento dos princípios científicos relevantes, isto é, conhecimentos relativos às ciências básicas pertinentes à sua área de especialização, seguidos de conhecimentos referentes às ciências aplicadas para, ao final, nos estágios, empregarem tais conhecimentos na prática do professor.

Nessa visão, a atividade do professor é entendida como essencialmente instrumental, dirigida à solução de problemas mediante a aplicação rigorosa de técnicas e teorias científicas, sendo o professor, essencialmente, concebido como técnico que aplicará nas escolas as teorias e técnicas aprendidas na universidade.

Tal perspectiva, por um lado, idealiza e supervaloriza o conhecimento científico e a técnica e, por outro, desconsidera a complexidade da prática pedagógica, bem como o processo de elaboração/reelaboração de conhecimentos no âmbito da escola.[5]

A razão disso se prende ao fato de que, com base na concepção epistemológica da racionalidade técnica, os problemas abordados

---

4 Schön, *The Reflective Practitioner*.
5 Silva; Zanon, A experimentação no ensino de ciências. In: Schnetzler; Aragão (orgs.), *Ensino de ciências: fundamentos e abordagens*.

EDUCAÇÃO INFANTIL E FORMAÇÃO DE PROFESSORES **73**

na formação inicial são abstraídos de circunstâncias reais, transformando-se em problemas ideais que não se aplicam às situações práticas, instaurando, assim, a distância entre teoria e prática, que se manifesta na grande maioria das disciplinas componentes dos cursos de licenciatura.[6]

Esse modelo de formação docente, essencialmente técnico, recebeu muitas críticas a partir dos anos 1980 e, como diz Schön, instalou-se uma "crise de confiança no conhecimento do professor",[7] uma vez que os professores formados nessas bases não atendem às exigências de atuação docente capaz de lidar adequadamente com as demandas da sociedade. Como ressalta Rosa,

> A crença, fundada na razão iluminista e alimentada pelo positivismo, de que o conhecimento do professor baseado nas práticas científicas e tecnológicas fosse capaz de encontrar saídas para todos os problemas do meio social encontra-se, nas últimas décadas, em franca decadência. Os cursos de formação já não conseguem mais responder às demandas da sociedade e a atuação do professor é contestada pelos seus equívocos e ineficiência na solução de situações problemáticas.[8]

A relação, ou melhor, desarticulação, teoria e prática é um grande dilema vivido na formação docente. Uma alternativa proposta por Schön centra-se na valorização da dimensão prática na formação docente. De acordo com Schön,[9] para compreender a complexidade da atividade prática do professor é preciso distinguir

---

6 Schön, op. cit.; Pérez Gómez, op. cit.; Maldaner, Concepções epistemológicas no ensino de ciências. In: Schnetzler; Aragão (orgs.), *Ensino de ciências: fundamentos e abordagens*; Schnetzler, O professor de ciências: tendências e problemas de sua formação. In: Schnetzler; Aragão (orgs.), *Ensino de ciências: fundamentos e abordagens.*

7 Schön, op. cit.

8 Rosa, Investigação-ação colaborativa sobre práticas docentes na formação continuada de formadores, p.40.

9 Schön op. cit. apud Pérez Gómez, op. cit.

74 HELOISA HELENA OLIVEIRA DE AZEVEDO

três conceitos que integram o *pensamento prático: conhecimento-
-na-ação, reflexão-na-ação e reflexão sobre a reflexão-na-ação*. A
formação docente pautada na *epistemologia da prática*, que forme
professores reflexivos, conduz a uma reconceptualização da teoria e
do desenvolvimento prático do professor.

Embora Schön tenha recebido críticas procedentes,[10] o modelo
de formação docente pautado na *epistemologia da prática* vem provocando um amplo movimento de análise crítica e pesquisas sobre
temas relativos à formação de professores.

Ao concordar com a "fertilidade" dessa teoria, Pimenta ressalta
a necessidade da indagação sobre o tipo de reflexão que tem sido
realizada pelos professores e o "perigo" de se colocar o professor
como protagonista nos processos de mudança e inovações, o que
pode gerar a supervalorização deste como indivíduo.

Nesse sentido, diversos autores têm apresentado preocupações quanto ao desenvolvimento de um possível "praticismo" daí
decorrente, para o qual bastaria a prática para a construção do
saber docente; de um possível "individualismo", fruto de uma
reflexão em torno de si própria; de uma possível "hegemonia autoritária", se se considera que a perspectiva da reflexão é suficiente
para a resolução dos problemas da prática; além de um possível
"modismo", com uma apropriação indiscriminada e sem críticas,
sem compreensão das origens e dos contextos que a gerou, o que
pode levar à banalização da perspectiva da reflexão.[11]

Libâneo, ao abordar o tema da reflexividade na formação de
professores, reforça as críticas a esse modelo ressaltando que:

A teoria sócio-histórica da atividade, com a contribuição dos
recentes estudos sobre teorias da ação e da cultura, permite juntar

---

10 Cf. Giroux, 1990; Liston e Zeichner, 1993; Carr, 1995; Contreras, 1997;
Pimenta, Professor reflexivo: construindo uma crítica.

11 Ibid., p.22.

EDUCAÇÃO INFANTIL E FORMAÇÃO DE PROFESSORES **75**

esses componentes da prática do professor num todo harmônico. Ela possibilita compreender a formação profissional de professores a partir do trabalho real, a partir das práticas correntes no contexto de trabalho e não a partir do trabalho prescrito, tal como aparece na visão de racionalidade técnica e tal como aparece também na concepção do senso comum que se tem sobre formação que ainda vigora fortemente nas escolas e nas instituições formadoras.[12]

Diante desse obstáculo na formação docente, é importante ressaltar, ainda, especificamente em relação à formação na Educação Infantil, que, nos cursos de formação de professores tanto de nível médio quanto de nível superior, são enfatizados conhecimentos relativos à atuação profissional no Ensino Fundamental, conferindo menor importância aos aspectos relativos à Educação Infantil. Quando há referência a essa área, a ênfase é dada para a atuação com as crianças de 4 a 5 anos, desconsiderando geralmente as de até 3 anos.

Com relação aos professores da Educação Infantil, a literatura da área tem apontado que os cursos de nível médio não contam com um currículo que forme adequadamente o professor. Isso porque um curso de apenas três ou quatro anos de duração que precisa formar o professor para atuar na Educação Infantil e nas séries iniciais (1ª à 4ª série) do Ensino Fundamental não pode dar conta da especificidade desses níveis pela complexidade que permeia o trato com crianças que se encontram em diferentes fases de desenvolvimento em seus aspectos físico, social, cognitivo, emocional.

Numa realidade como a nossa, na qual as diretrizes de uma política educacional priorizam o atendimento às crianças que se encontram acima dos 6 anos, as especificidades de formação do professor para a Educação Infantil acabam ocorrendo de maneira episódica, sem aprofundamento, apenas para cumprir a exigência da legislação. Tal situação é bastante contraditória com relação às

---

12 Libâneo, op. cit., p.74.

expectativas de atuação do professor de Educação Infantil que é bem específica na sua função de *educar crianças bem pequenas*. A formação do professor da Educação Infantil foi sempre muito precária ou inexistente. Considerando-a vinculada à origem e à história das instituições de atendimento infantil, pode-se dizer que essa precariedade decorre, também, da classe social a que tal educação se direcionava. Assim, como ressalta Oliveira,

> A concepção assistencialista, tradicionalmente usada para nortear o trabalho realizado particularmente nas creches públicas atendendo crianças filhas de famílias de baixa renda, tem feito com que pessoas sem uma qualificação de professor específica sejam recrutadas para cuidar e interagir com as crianças.[13]

As creches públicas, por longos anos, estiveram vinculadas ao órgão da Assistência Social, admitindo para o trabalho com crianças pequenas pessoas sem formação adequada, conforme levantamento realizado por Kishimoto,

> A situação nas creches é mais complicada. O tradicional abandono e descaso, fruto de uma política de exclusão desses professores no campo da educação, reflete-se no contingente de leigos que não se pode precisar pela falta de estatísticas. Mesmo nos grandes centros urbanos, a qualificação requerida é, ainda, de Ensino Fundamental.[14]

Em termos legais, o curso de magistério em nível médio é, ainda, a exigência de formação mínima para o professor de Educação Infantil, que abrange também a formação para atuar nos anos iniciais do Ensino Fundamental (antigas 1ª à 4ª séries). Tal curso, segundo Oliveira,[15] ofereceu uma "formação fragmentada, com insuficiente

---

13 Oliveira, A universidade na formação dos professores de Educação Infantil. In: *Por uma política de formação dos professores de Educação Infantil*, p.64.

14 Kishimoto, Política de formação profissional para a Educação Infantil, *Revista Educação & Sociedade*, n.68, p.63.

15 Oliveira, op. cit., p.65.

EDUCAÇÃO INFANTIL E FORMAÇÃO DE PROFESSORES **77**

domínio de conteúdos das áreas do núcleo comum do curso de 2º grau e das áreas de formação pedagógica, o que lhes acarretava pouca autonomia e criticidade". Sendo assim, é importante ressaltar que é esse professor, egresso de um curso que não contemplou em seu currículo aspectos específicos sobre Educação Infantil, que está atuando nesse nível de ensino.

Na formação docente em nível superior a situação quase se repete. Enquanto docente em cursos de pedagogia é possível constatar programas de disciplinas que enfatizavam discussões centradas na aplicação de uma determinada metodologia para a educação infantil Montessori), passando por algumas informações sobre a política educacional e, ainda, privilegiando discussões voltadas para as crianças maiores, de 4 e 5 anos, em detrimento das menores de até 3 anos. Isso significa limitar a formação dos professores a uma única forma de trabalho, sem questionamento crítico e sem uma discussão prévia que possibilite ao futuro professor (re)construir sua concepção de criança e Educação Infantil.

Situações como essa infelizmente têm sido frequentes em cursos que formam professores para atuar na Educação Infantil. Independentemente do nível, médio ou superior, geralmente não contemplam aspectos específicos daquela educação, ou o fazem de forma pouco eficaz, pois enfatizam o ensino de regras e procedimentos sem articulá-los com ações práticas.

Do outro lado, fora dos muros das instituições formadoras, os professores já "formados", que estão atuando na escola, revelam na sua prática diária a necessidade de conhecimentos relativos à infância, ao desenvolvimento infantil, à organização do trabalho pedagógico e, principalmente, mostram-se acríticos e sem autonomia para encaminharem o seu trabalho, ficando vulneráveis à aceitação de propostas prontas que lhes são "gentilmente sugeridas", ou mesmo impostas. Além disso, não há articulação entre a formação inicial e a formação continuada, o que tem levado esta última a se limitar a práticas compensatórias em relação à formação inicial com os "treinamentos", "reciclagens" e "capacitações" de curta duração.

78 HELOISA HELENA OLIVEIRA DE AZEVEDO

O curso de Pedagogia, historicamente, forma professores em nível superior desde a década de 1930 quando já existiam duas universidades que ofereciam cursos, em nível superior, para formar professores de Educação Infantil, isto é, a Universidade Federal do Rio de Janeiro, com a licenciatura em educação pré-escolar, em 1931, e a Universidade Federal do Paraná, em 1938.[16] Desde então, a formação dos professores de Educação Infantil vem se desenvolvendo num contexto de avanços e retrocessos.

A formação docente inicial para a Educação Infantil: avanços e retrocessos

Durante a década de 1980, o atendimento infantil foi ampliado de forma significativa, culminando com a conquista do direito das crianças de até 6 anos ao atendimento em creches e pré-escolas através da promulgação da Constituição Federal de 1988, a qual traz significativo reconhecimento ao direito social da criança menor de 7 anos à educação, afirmando suas necessidades de "cuidado e educação" e estabelecendo-as como funções "indissociáveis" nesse atendimento.[17] A Nova Carta contribuiu, assim, para a tentativa de superação do caráter assistencialista e dualista (creche/pré-escola) que, historicamente, orientou esse atendimento, atribuindo-lhe caráter único de *Educação Infantil*.

Assim, todas as crianças de até 6 anos passam a ser atendidas pelo mesmo sistema e não mais de forma separada em creches, para as de até 3 anos, e pré-escolas, para as de 4 a 6 anos, o que reforçava a dicotomia assistência/educação. Tal conquista, por fazer exigências à melhoria das condições de vida das crianças, apontava esperanças de possíveis melhorias, também, na formação dos professores de Educação Infantil, já que a função educativa das instituições de atendimento infantil havia sido reconhecida.

---

16 Kishimoto, op. cit.

17 Mazzilli, *Educação infantil: da Constituição ao Plano Nacional de Educação.*

EDUCAÇÃO INFANTIL E FORMAÇÃO DE PROFESSORES 79

Por sua vez, a aprovação do Estatuto da Criança e do Adolescente (ECA – Lei 8.069, de 13 de julho de 1990) traz como contribuição significativa a "definição de um sistema de elaboração e fiscalização de políticas públicas voltadas para a infância, visando impedir desmandos e desvios de verbas, assim como violações dos direitos da criança".[18] O ECA influenciou, também, as discussões sobre a nova Lei de Diretrizes e Bases da Educação Nacional (LDB) que tramitava na Câmara Federal naquele momento.

Diante da demanda crescente por creches e pré-escolas naquele momento, o "Ministério da Educação e do Desporto tem o papel insubstituível e inadiável de propor a formulação de uma Política Nacional de Educação Infantil, norteada pelos parâmetros da Constituição".[19] Em 1993, o MEC, através da Coordenação de Educação Infantil (MEC/SEF/COEDI),[20] elabora uma "Proposta de Política para a Educação Infantil, em reconhecimento à Educação Infantil, destinada às crianças de até 6 anos, é a primeira etapa da educação básica, indispensável à construção da cidadania".[21] Tal proposta aponta em seu texto diretrizes pedagógicas a algumas ações prioritárias a serem realizadas e colabora, também, para que se comece a pensar em um novo perfil de professor para o trabalho com crianças de até 6 anos.

Essa proposta teve como objetivos: "i) expandir a oferta de vagas para a criança de até 6 anos; ii) fortalecer, nas instâncias competentes, a concepção de Educação Infantil definida nesse documento e iii) promover a melhoria da qualidade do atendimento

---

18 Barbosa, 1999, p.51.
19 Ibid., p.9.
20 Publicações do MEC/SEF/COEDI sob os títulos: Política de Educação Infantil (1993); Educação Infantil no Brasil: situação atual (1994a); Por uma Política de Formação do Professor de Educação Infantil (1994b); Critérios para um Atendimento em Creches que Respeite os Direitos Fundamentais das Crianças (1995); Proposta Pedagógica e Currículo para Educação Infantil: um Diagnóstico e a Construção de uma Metodologia de Análise (1996); Subsídios para Elaboração de Diretrizes e Normas para Educação Infantil (1998).
21 Brasil, Política de Educação Infantil – Proposta, p.7.

em creches e pré-escolas".[22] Fundamenta-se "numa concepção de criança como cidadã, como pessoa em processo de desenvolvimento, como sujeito ativo na construção do seu conhecimento".[23]

A situação da Educação Infantil, tomada como base para elaboração da referida proposta, era a de uma expansão desordenada sem investimentos técnicos e financeiros por parte do Estado, o que "acarretou, em termos globais, uma significativa deterioração na qualidade do atendimento, especialmente na creche".[24] A proposta aponta, ainda, como particularmente grave, "a desvalorização e a falta de formação específica dos professores que atuam na área".[25] O propósito principal era o de se buscar caminhos para a melhoria da qualidade do atendimento em creches e pré-escolas e de superação da dicotomia cuidar *versus* educar, através da articulação de vários setores comprometidos com o atendimento infantil.

Tal movimento em prol da elaboração de políticas públicas para a Educação Infantil teve seu momento mais significativo na realização do Encontro Técnico sobre Política de Formação do Professor de Educação Infantil, ocorrido durante três dias, em Belo Horizonte, em 1994, cujo principal objetivo era "fornecer subsídios para a política de formação de professores da Educação Infantil".[26] Dele participaram especialistas de renome, professores de sistemas de ensino, de agências de formação e de outras organizações que atuam na área e representantes dos Conselhos de Educação de âmbito federal e estadual.

As publicações resultantes desse encontro subsidiaram a análise de questões relevantes para a formulação de uma política de formação dos professores de Educação Infantil, por entender que a definição de uma política de formação constitui uma das tare-

---

22 Ibid., p.21.
23 Ibid., p.11.
24 Ibid., p.13.
25 Ibid., p.14.
26 Brasil, *Por uma política nacional de formação de professores de Educação Infantil*, p.71.

EDUCAÇÃO INFANTIL E FORMAÇÃO DE PROFESSORES **81**

fas mais urgentes na elaboração de uma política para a Educação Infantil.

O conjunto de textos e debates que ocorreram no referido encontro "constitui aprofundamento teórico da questão da Educação Infantil e, mais do que isso, configura avanço importante no que se refere a uma tomada de posição política da formação de seus professores",[27] além disso, tornaram-se referência para as discussões futuras sobre o tema.

O relatório-síntese desse encontro, escrito por Sônia Kramer, apresenta os princípios e diretrizes para a Política Nacional de Formação dos Professores de Educação Infantil recomendados ao MEC, além de outras questões discutidas, análises e encaminhamentos sobre as alternativas pedagógicas da Educação Infantil e da formação de seus professores sobre e sob o impasse da LDB.[28]

Entre as alternativas pedagógicas discutidas, encontramos a preocupação com o currículo da Educação Infantil e dos cursos de formação de seus professores, conforme trecho do relatório transcrito a seguir:

> No que se refere especificamente ao curso de formação de professores da Educação Infantil, ressalta-se, ainda, a importância de se considerar três polos de sustentação desse currículo: (i) conhecimentos científicos básicos para a formação do professor (Matemática, Língua Portuguesa, Ciências Naturais e Sociais) e conhecimentos necessários para o trabalho com a criança pequena (psicologia, saúde, história, antropologia, estudos da linguagem etc.); (ii) processo de desenvolvimento e construção de conhecimentos do próprio professor; (iii) valores e saberes culturais dos professores produzidos a partir de sua classe social, sua história de vida, etnia, religião, sexo e trabalho concreto que realiza.

---

27 Ibid.

28 No momento da realização desse evento (1994), o texto da LDB encontrava--se em tramitação no Congresso Nacional desde 1988.

82 HELOISA HELENA OLIVEIRA DE AZEVEDO

Salienta-se que a prática desse currículo só se torna significativa mediante a constante reflexão crítica dele, reflexão esta que precisa ser feita tanto pelos professores das mais diversas instâncias quanto pela comunidade em que atuam/atuarão esses professores.[29]

Esse repensar do currículo da Educação Infantil e dos cursos de formação de seus professores não se dá de forma isolada em relação à continuidade da vida escolar da criança na escola fundamental, mas busca uma articulação com esta, onde haja benefício mútuo.

Outra preocupação colocada entre as alternativas pedagógicas foi a questão da necessidade de integrar cuidar-educar, a qual deveria fundamentar a Educação Infantil e a formação de seus professores, concebendo essas duas dimensões como tendo igual importância no desenvolvimento das atividades cotidianas do professor de Educação Infantil, como ressalta o seguinte trecho do relatório:

Se a Educação Infantil fundamenta-se no binômio cuidar/educar, a formação de seus professores deve também pautar-se nele. A conjugação dessas atividades, bem como o preparo para exercê-las, precisa necessariamente despir-se de uma visão hierarquizada das atividades de educar e cuidar, uma vez que ambas partilham de igual importância no cotidiano da Educação Infantil.

Não deve haver distanciamento e/ou sobreposição do trabalho da professora que cuida e da que educa, entre a universidade e a escola básica, entre o trabalho manual e o intelectual, entre o fazer e o pensar,uma vez que, tal como o homem a que se dirigem, são indissociáveis.[30]

As duas concepções de atendimento "assistencial" e "educacional" são bastante questionadas nos textos dessa publicação, no sen-

---

29 Brasil, *Por uma política nacional de formação de professores de Educação Infantil*, p.78.
30 Ibid., p.79.

EDUCAÇÃO INFANTIL E FORMAÇÃO DE PROFESSORES   83

tido de superar a ideia de que "têm sido adotadas para duas classes sociais diferentes: a criança pobre, mais provavelmente, frequenta um serviço 'assistencial', e a criança da classe média um de tipo 'educacional'".[31] Na opinião da autora, essas duas modalidades de atendimento, se forem responder a critérios de qualidade, definidos por grupos europeus e norte-americanos, estão longe de responder adequadamente a uma ou outra concepção de atendimento.

Acreditar numa visão integrada de cuidado e educação significa repensar o perfil dos dois tipos de professores que hoje atuam na Educação Infantil, o que, segundo a referida autora,

> tanto é inaceitável que a educação em grupo de crianças pequenas esteja a cargo de adultos que não receberam nenhum tipo de formação para isso, quanto é inaceitável o tipo de formação que os professores recebem na maioria dos cursos de magistério e também nos cursos de pedagogia existentes.[32]

O relatório ressalta, ainda, que algumas questões sobre a Educação Infantil "necessitam de estudo teórico, pesquisa e/ou clareza política a fim de indicar subsídios às políticas públicas", tais como: o currículo, a formação dos professores, sua legislação, revisão na denominação – não mais "creche" e "pré-escola", mas Educação Infantil. "Partindo do pressuposto de que o nome precisa dizer o ser que representa, a denominação da instância responsável pela educação/cuidado da criança de até 6 anos é tão importante quanto a discussão de seus objetivos."[33]

Há também no relatório referência ao atraso na aprovação da LDB – evidentemente por razões políticas mais amplas –, pois esta seria um aparato legal para sustentar as discussões travadas nesse

---

31 Campos, Educar e cuidar: questões sobre o perfil do professor de Educação Infantil. In: *Por uma política de formação dos professores de Educação Infantil*, p.33.
32 Ibid., p.37.
33 Brasil, *Por uma política nacional de formação de professores de Educação Infantil*, p.80.

84 HELOISA HELENA OLIVEIRA DE AZEVEDO

encontro que, em suas considerações gerais, revelou-se otimista com relação ao engajamento MEC/COEDI numa Política de Formação de Professores de Educação Infantil que considere, como no encontro realizado, "a diversidade de posições, a complexidade de abordagens teóricas e de alternativas práticas, a multiplicidade de contextos e de necessidades díspares".[34]

Finalmente, considerando que "a heterogeneidade real dos contextos e populações adultas e infantis deste país exigem pluralidade de saídas teóricas e práticas e diversidade de alternativas em nível de políticas públicas estaduais e municipais",[35] o relatório aponta duplo objetivo a ser alcançado pelas instâncias públicas de atendimento infantil:

> 1) concretização dos *direitos das crianças* a uma Educação Infantil de qualidade; 2) concretização dos *direitos dos professores* da Educação Infantil a processos de formação que lhes assegure os conhecimentos teórico-práticos para essa ação de qualidade nas creches e pré-escolas, *e que redundem em avanço na escolaridade e em seu progresso na carreira.*[36]

É importante ressaltar que essa conquista — a qual teve um caráter de construção coletiva, segundo Cerisara (1999) — ficou bastante ameaçada quando, em 1998, o MEC publicou o Referencial Curricular Nacional para a Educação Infantil (RCNEI), pois tal publicação não considerou o processo já iniciado, representando, assim, uma descontinuidade de ideias em relação à ampla discussão já desencadeada pela COEDI.

Antes, porém, da publicação do RCNEI, foi promulgada, em 1996, a Nova Lei de Diretrizes e Bases da Educação Nacional (LDB – Lei 9.394/96), a qual estabelece, em seu art. 62, um nível mais elevado para a formação de professores para atuar na Educa-

---

34 Ibid., 81.
35 Ibid.
36 Ibid. (Destaques do original.)

EDUCAÇÃO INFANTIL E FORMAÇÃO DE PROFESSORES **85**

ção Infantil e séries iniciais do Ensino Fundamental, ou seja, que esta se dê em nível superior (universitário) ou nos Institutos Superiores de Educação (ISEs), mas admitindo, ainda, como formação mínima aquela oferecida em nível médio.

Art. 62. A formação de docentes para atuar na educação básica far-se-á em nível superior, em curso de licenciatura, de graduação plena, em universidades e Institutos Superiores de Educação, admitida como formação mínima para o exercício do magistério na Educação Infantil e nas quatro primeiras séries do Ensino Fundamental, a oferecida em nível médio, na modalidade Normal.

A nova LDB trouxe, como contribuição mais importante para a Educação Infantil, o seu reconhecimento como primeira etapa da educação básica,[37] estabelecendo sua forma de atendimento e avaliação, como expressam os artigos abaixo:

Art. 29. A Educação Infantil, primeira etapa da educação básica, tem como finalidade o desenvolvimento integral da criança até 6 anos, em seus aspectos físico, psicológico, intelectual e social, complementando a ação da família e da comunidade.

Art. 30. A Educação Infantil será oferecida em:
I – creches, ou entidades equivalentes, para crianças de até 3 anos;
II – pré-escolas, para crianças de 4 a 6 anos.

Art. 31. Na Educação Infantil, a avaliação far-se-á mediante acompanhamento e registro do seu desenvolvimento, sem o objetivo de promoção, mesmo para o acesso ao Ensino Fundamental.

Embora a LDB da Educação Nacional use o termo *Educação Infantil*, remetendo-se à ideia de integração das crianças na faixa de

---

37 A educação básica abrange a Educação Infantil, o Ensino Fundamental e o Ensino Médio.

até 6 anos, apresenta novamente uma estrutura pedagogicamente fragmentada quando estabelece o atendimento em creches, para as crianças de até 3 anos, e pré-escolas, para as de 4 a 6 anos. Isso significa retroceder a um momento anterior à Constituição de 1988, quando se avançou nas discussões no campo da Educação Infantil em relação à separação das crianças em creches e pré-escolas, pois tal divisão estimula práticas antigas de fragmentar o cuidar e o educar.[38]

No que se refere à formação docente, retrocede-se à ideia dos ISEs, sistema de formação de professores abandonado no início do século XX. Tal fato foi bastante polêmico no meio educacional brasileiro, pois revela a descontextualização de algumas tentativas de mudança na formação de professores, as quais tentam recuperar ideias já abandonadas, referendando o caráter tradicional da nova LDB da Educação Nacional, como ressalta Kishimoto:

> O curso normal superior, recriado pela Lei 9394/96, traz uma polêmica ao separar a formação docente da universitária, propor um curso com menor tempo de formação, fragmentar o cuidar e o educar e desqualificar o quadro de professores responsáveis pelo curso.[39]

O Decreto 3.276, de 6 de dezembro de 1999, que dispõe sobre a formação em nível superior de professores para atuar na educação básica, em seu § 2º tira dos cursos de Pedagogia a exclusividade de formar professores para crianças de até 6 anos em nível superior. Sendo assim, atribui também aos ISEs a responsabilidade por tal formação, conforme o texto abaixo:

> A formação em nível superior de professores para a atuação multidisciplinar, destinada ao magistério na Educação Infantil e nos anos iniciais do Ensino Fundamental, far-se-á *exclusivamente* em cursos normais superiores. (grifo meu)

---

38 Kishimoto, op. cit.
39 Ibid., p.61.

EDUCAÇÃO INFANTIL E FORMAÇÃO DE PROFESSORES **87**

Sobre isso, compartilhamos do pensamento de Assis:

> Esse decreto é no mínimo equivocado [...] porque fere a autonomia universitária, garantida pela Constituição Federal de 1988. Além disso, o parecer vai contra a LDB, que prevê a convivência de três modalidades de formação desses professores: o curso Normal de nível médio, os Institutos Superiores de Educação e os de Pedagogia com habilitação para esses dois níveis.[40]

Segundo Freitas, o curso de formação do professor proposto pelos ISEs pode ser identificado como um curso de caráter *técnico-profissionalizante*, em decorrência da redução da sua carga horária – 3.200 podendo chegar até 1.600 –, ao abrir a "possibilidade de aproveitamento, em nível superior, dos estudos realizados em nível anterior de escolaridade, desqualificando e banalizando o rigor necessário que deveria ser exigido dos estudos superiores".[41]

Sendo assim, a criação desses institutos deveria contribuir para a ampliação dos cursos de formação de professores em locais onde não houvesse universidades, em vez de lhes retirar esse papel, pois, como questiona Assis, "que avaliação foi feita dos cursos de Pedagogia no Brasil para que um parecer dessa importância os proibisse de formar professores? Nenhuma. Fica a impressão de que ele foi criado para favorecer os tais institutos superiores".[42]

Após muitas discussões e críticas de pesquisadores da área nos principais fóruns de debate educacional sobre os ISEs, outro Decreto (3.554, de 7 de agosto de 2000) passa a vigorar, reformulando a redação do anterior da seguinte forma, no seu § 2º:

> A formação em nível superior de professores para atuação multidisciplinar, destinada ao magistério da Educação Infantil e nos

---

40 Assis, A Educação Infantil dá retorno, *Revista Nova Escola*, p.24.
41 Freitas, A reforma do Ensino Superior no campo da formação dos professores da Educação Básica, *Revista Educação e Sociedade*, n.68, p.21.
42 Assis, op. cit., p.25.

anos iniciais do Ensino Fundamental, far-se-á, *preferencialmente*, em cursos normais superiores. (grifo meu)

Após a promulgação da LDB da Educação Nacional, o MEC elabora e divulga uma nova publicação referente à Educação Infantil. Trata-se do Referencial Curricular Nacional para a Educação Infantil (RCNEI) que integra a série Parâmetros Curriculares Nacionais (PCNs). Apresentado sob a forma de três volumes (Introdução; Formação Pessoal e Social; Conhecimento de Mundo), o RCNEI foi lançado em 1998, em nível nacional, e encaminhado aos professores de Educação Infantil como um instrumento "orientador" para seu trabalho. Tal publicação expressa, no texto introdutório escrito pelo ministro da Educação da época, que o objetivo do Referencial é o de "auxiliar" "o professor na realização de seu trabalho diário junto às crianças pequenas" (RCNEI, v.1).

O RCNEI foi elaborado por um grupo de especialistas e contou, ainda, com críticas e sugestões de vários pareceristas antes de sua versão final ser amplamente distribuída aos professores de Educação Infantil. Sobre esse ponto, ressaltamos o importante trabalho de Cerisara, que se propôs "analisar as posições e concepções defendidas pelos pareceristas e, portanto, conhecer como está sendo pensada a Educação Infantil".[43]

De acordo com o referido trabalho, setecentos professores da área da Educação Infantil receberam a versão preliminar do Referencial acerca do qual deveriam emitir pareceres individuais e/ou institucionais. É importante ressaltar que os pareceristas tiveram posições bastante diversas onde apenas uma minoria concordou com o documento considerando-o relevante e adequado como estava, os demais (a maioria) fizeram críticas à forma e ao conteúdo do documento, dando diferentes sugestões de reformulação.

---

43 Cerisara, A produção acadêmica na área da Educação Infantil a partir da análise de pareceres sobre o Referencial Curricular Nacional da Educação Infantil. In: Faria; Palhares (orgs.), *Educação Infantil pós-LDB*, p.21.

EDUCAÇÃO INFANTIL E FORMAÇÃO DE PROFESSORES

O ponto mais preocupante, na visão dos pareceristas, refere-se ao risco de escolarização precoce da criança pequena, cujas críticas tinham como ponto comum a compreensão de que "a Educação Infantil deve tomar como referência a criança e não o Ensino Fundamental". A maioria dos pareceres alerta para o fato de que

> a Educação Infantil é tratada no documento como ensino, trazendo para a área a forma de trabalho do Ensino Fundamental, o que representa um retrocesso em relação ao avanço já encaminhado na Educação Infantil de que o trabalho com crianças pequenas em contextos educativos deve assumir a educação e o cuidado enquanto binômio indissociável e não o ensino.[44]

As críticas ao documento quanto à sua visão *escolarizada* da Educação Infantil se fazem presentes ao longo de todo o documento. Cerisara[45] ressalta, ainda, que:

> a concepção de criança que, segundo a maior parte dos pareceristas, predomina no RCNEI é uma concepção abstrata e reducionista vista unicamente como aluno, pois apesar de ter uma concepção de construção histórico-social, o documento não o toma como princípio educativo uma vez que privilegia mais o "sujeito escolar" do que o "sujeito criança".

Outro aspecto ressaltado é o de que "há várias concepções de criança sem que seja possível relacionar as concepções teóricas apresentadas com o conteúdo das demais partes da referida proposta",[46] cujos pareceres foram unânimes em considerar sua fundamentação teórica confusa e pouco aprofundada, dificultando seu entendimento em função da variedade de concepções conflitantes e equivocadas ou simplificadas.

---

44 Ibid., p.28.
45 Ibid., p.30.
46 Ibid.

Em função disso, foi sugerido pelos pareceristas que a fundamentação teórica do documento fosse revista no sentido de "sanar tanto o viés psicologizante quanto o viés cognitivista – comum a certo tipo de interpretação piagetiana que aponta para a adoção precoce do modelo ensino-aprendizagem tradicional".[47]

Outras sugestões foram feitas pelos pareceristas quanto à necessária articulação com documentos elaborados nos últimos cinco anos pela COEDI/MEC, sendo a elaboração do RCNEI, segundo Cerisara,[48] uma atitude de descontinuidade em relação aos cadernos da COEDI, "pelo alcance e sucesso que os mesmos têm alcançado tanto junto aos pesquisadores da área como fundamentalmente junto aos professores de Educação Infantil".

Embora a LDB da Educação Nacional seja bastante tímida no que tange à Educação Infantil (como expressam os artigos da lei anteriormente citados), é a partir do que nela está estabelecido que devem se orientar as iniciativas voltadas para o atendimento infantil. Com base nisso, o Conselho Nacional de Educação (CNE) lançou as Diretrizes Curriculares Nacionais para a Educação Infantil, aprovadas em 17 de dezembro de 1998, de acordo com o Parecer nº 022/98 da Câmara de Educação Básica (CEB) e instituídas pela Resolução CEB nº 1, de 7 de abril de 1999. Essas Diretrizes, diferentemente do RCNEI, têm caráter mandatório e, a partir de então, passam a orientar a organização das instituições de Educação Infantil.

De acordo com as Diretrizes, a criança é "um ser total, completo e indivisível [...], seres íntegros, que aprendem a ser e conviver consigo próprias, com os demais e o meio ambiente de maneira articulada e gradual". A concepção de Educação Infantil expressa afirma que: "educar e cuidar de crianças de até 6 anos supõe definir previamente *para que sociedade* isto será feito, e como se *desenvolverão as práticas pedagógicas*, para que as crianças e suas famílias sejam incluídas em uma vida de cidadania plena".

---

47 Parecer nº 1 apud Cerisara, op. cit., p.31.
48 Cerisara, op. cit., p.40.

EDUCAÇÃO INFANTIL E FORMAÇÃO DE PROFESSORES 91

Para que isso aconteça as diretrizes estabelecem os seguintes princípios orientadores para elaboração de propostas curriculares para a Educação Infantil:

a. *Princípios éticos* da autonomia, da responsabilidade da solidariedade e do respeito ao bem comum;

b. *Princípios políticos* dos direitos e deveres de cidadania, do exercício da criticidade e do respeito à ordem democrática;

c. *Princípios estéticos* da sensibilidade, da criatividade, da ludicidade, da qualidade e da diversidade de manifestações artísticas e culturais.

Assim, de acordo com tais princípios, as propostas curriculares ao serem elaboradas pelas instituições devem ter o cuidado de não antecipar "rotinas e procedimentos comuns às classes de Educação Fundamental, tendo os professores a responsabilidade de propiciar uma transição adequada do contexto familiar ao escolar nesta etapa de vida das crianças".[49]

As referidas diretrizes não desconsideram a elaboração do RCNEI, pois a "proposta contida no Referencial coaduna-se com as Diretrizes Curriculares Nacionais para a Educação Infantil". Entende, ainda, que o Referencial "constitui-se em uma colaboração importante prestada pelo MEC aos sistemas brasileiros de ensino, contribuindo para, e integrando-se com iniciativas análogas no interior dos mesmos".[50]

A dicotomia assistência/educação, que por muitos anos permeia o atendimento infantil, reforçada pelas políticas públicas para a educação, contribuiu para que se criasse, também, dois tipos de professor, ou seja, um disposto a cuidar, limpar, alimentar as

---

49 CNE. Parecer nº CEB 002/98.
50 Parecer do CNE, CEB nº 002/99, aprovado em 29 de janeiro de 1999, que se refere à análise do RCNEI do MEC.

92 HELOISA HELENA OLIVEIRA DE AZEVEDO

crianças menores (de até 3 anos), e nos moldes escolares outro que, tendo formação pedagógica, desenvolveria um trabalho educativo, destinado às crianças maiores (de 4 a 6 anos).

A superação dessa dicotomia é o que, atualmente, busca-se concretizar nas instituições de atendimento infantil através de um trabalho pedagógico "integrado", que compreenda "cuidado e educação como práticas indissociáveis". Como ressalta Rosemberg,

> A perspectiva é coerente com a moderna noção de "cuidado" que tem sido usada para incluir todas as atividades ligadas à proteção e apoio necessários ao cotidiano de qualquer criança: alimentar, lavar, trocar, curar, proteger, consolar, enfim, "cuidar", todas fazendo parte integrante do que chamamos de "educar". Uma psicóloga norte-americana, Bettye Caldwell, cunhou a inspirada expressão *"educare"*, que funde, no inglês, as palavras educar e cuidar.[51]

As propostas de formação de professores que foram elaboradas nos últimos quinze anos[52] visam a esse perfil de professor para a Educação Infantil. Assim, há que se levar em conta "o duplo objetivo de educar-cuidar, dois lados inerentes à ação dos seus professores. Não se trata de inverter prioridades, mas sim de conjugá-las, forjando um novo conceito de Educação Infantil como espaço de educação e cuidado ou atenção".[53]

Os Referenciais para a Formação de Professores, formulados em 1998, têm a premissa de que os profesores devam atender às necessidades ligadas ao cuidado e à educação da criança de forma integrada. Referem-se basicamente à formação de professores de Educação Infantil e dos primeiros quatro anos do Ensino Funda-

---

51 Rosemberg apud Campos, op. cit., p.35.
52 Brasil, *Por uma Política de Formação do Professor de Educação Infantil*. Brasil, Referenciais para a Formação de Professores.
53 Kramer, *Com a pré-escola nas mãos – uma alternativa curricular para a Educação Infantil*, p.73.

mental. Tal documento é fruto da discussão de muitos professores da educação – equipe de elaboração, técnicos de diferentes instâncias do MEC, leitores críticos consultores, pareceristas e educadores de todos os estados do país presentes nos Seminários Regionais de discussão do documento, ocorridos no primeiro semestre de 1998.

Participaram dos referidos seminários os Conselhos Estaduais de Educação, todas as delegacias Regionais do MEC, Secretarias Municipais de Educação, Sindicatos de Professores e Professores da Educação. Houve também um encontro nacional com os membros do Fórum de Diretores das Faculdades de Educação que elaboraram posteriormente um parecer coletivo a respeito do documento.

Os Referenciais para a Formação de Professores, divulgados em 1999, após estudo de reconhecimento da realidade da formação docente em nosso país, estabelecem, entre outros pressupostos, os que se referem à atuação e formação docente, explicitados a seguir:

- O trabalho do professor visa o desenvolvimento dos alunos como pessoas, nas suas múltiplas capacidades e não apenas a transmissão de conhecimentos. Isso implica uma atuação profissional não meramente técnica, mas também intelectual e política.

- O necessário compromisso com o sucesso das aprendizagens de todos os alunos nas creches e nas escolas de Educação Infantil e do Ensino Fundamental exige que o professor considere suas diferenças culturais, sociais e pessoais e que, sob hipótese alguma, as reafirme como causa de desigualdade ou exclusão.

- O desenvolvimento de competências pelos professores exige metodologias pautadas na articulação teoria-prática, na resolução de situações-problema e na reflexão sobre a atuação do professor.

94 HELOISA HELENA OLIVEIRA DE AZEVEDO

Sendo assim, a tendência de formação docente apontada pelos Referenciais para Formação de Professores considera importante a promoção de "transformações necessárias nas instituições responsáveis por formar professores, para que o processo de formação aconteça num contexto favorável ao desenvolvimento de diferentes competências nos professores", assim como o redimensionamento do "papel profissional do professor no contexto das tarefas atualmente colocadas pela realidade à educação escolar".[54]

Revisões se vêm fazendo na maneira de pensar a criança, a sua educação e o perfil do professor para lidar com ela. É fundamental que também atinjam a formação desse professor, pois, segundo Freire,[55] "o papel do adulto que interage com a criança no cotidiano do espaço de Educação Infantil é fundamental para garantir essa almejada qualidade no atendimento". Assim, penso ser importante que, na formação do professor da Educação Infantil, se priorizem discussões e práticas que auxiliem os futuros professores a rever suas concepções de criança, educação, escola, professor e a construir postura autônoma de organização do seu trabalho pedagógico.

Tomar a criança como ponto de partida para pensar a elaboração do trabalho pedagógico certamente é um aspecto que precisa ser considerado, mas não usado como a principal diretriz da sua ação educativa, pois ao professor cabe propor, de acordo com seus conhecimentos teórico-práticos, as situações educativas que julga adequadas ao grupo de crianças que tem sob sua responsabilidade, valorizando os saberes e a prática dos professores, construídos no desenvolvimento da sua ação diária com as crianças, "que mesmo errôneas, preconceituosas ou equivocadas aos nossos olhos [...] são o ponto de partida para as mudanças que se pretende implementar".[56]

---

54 Brasil, Referenciais para a Formação de Professores, p.28-9.
55 Freire, 1999, p.79.
56 Kramer, *Com a pré-escola nas mãos – Uma alternativa curricular para a Educação Infantil*, p.25.

EDUCAÇÃO INFANTIL E FORMAÇÃO DE PROFESSORES 95

Isso pode contribuir para a mudança do atual modelo de formação docente que privilegia o aspecto "instrumental" para outro que valorize a "produção de conhecimento e a autonomia" do professor, no qual teoria e prática são dimensões igualmente importantes, como tem expressado a literatura da área numa abordagem crítica. Temos avançado de um atendimento infantil que, a meu ver, tem se caracterizado pelo preconceito e pela exclusão das camadas menos favorecidas da sociedade, para um que, hoje, reconhece o direito de todas as crianças de até 5 anos à educação.

O professor da Educação Infantil e o dilema do cuidar-educar

O professor da Educação Infantil vem, ao longo da sua trajetória, mesmo quando esta ainda não era reconhecida como profissão, experimentando diferentes exigências em relação à sua atuação. Tais exigências vêm sendo feitas em função de sua origem e determinação social e das transformações históricas na vida da sociedade que, por sua vez, provocaram mudanças nas concepções de infância e Educação Infantil.

A literatura da área tem apontado para a necessidade de se "construir" essa profissão e, até mesmo, de se definir uma "Pedagogia da Educação Infantil" e, ainda, de se fazer clara distinção entre "criança" e "aluno" no âmbito desta área de atuação. Resguardadas algumas restrições à referida proposta, podemos dizer, então, que se têm feito esforços no sentido de melhor definir o que é ser um professor da Educação Infantil. O que o identifica como tal? Que tipo de conhecimentos ele precisa ter?

Historicamente, as propostas pedagógicas para a Educação Infantil têm revelado um perfil de professor que está em consonância com as várias tendências pedagógicas e que caracterizam, ainda hoje, essa atividade. Tendências pedagógicas (romântica/crítica/cognitiva) para o trabalho na Educação Infantil foram criadas em diferentes épocas, influenciando, também, na formação dos professores que atuam nessa área.

96 HELOISA HELENA OLIVEIRA DE AZEVEDO

A concepção de criança e a forma de atendimento a ela dispensado também sofreram mudanças significativas. Mudamos de uma concepção de criança como um *adulto em miniatura* para uma de criança como *ser histórico e social*, de uma mãe *indiferente* para uma *mãe coruja*, de um atendimento feito em *asilos*, por adultos que *apenas gostassem de cuidar*, para um feito em uma *instituição educativa*, por um professor da área do qual se exige *formação adequada* para lidar com as crianças.

A retomada histórica que fizemos no capítulo anterior nos deu alguns elementos para concluir que vivemos, ainda hoje, como no passado, um grande dilema no que se refere ao atendimento às crianças pequenas: cuidar ou educar? A partir de tais informações também foi possível perceber como isso foi sendo construído e quais interesses estavam por trás.

Quando se começou a pensar em cuidar da infância, o termo "cuidar" estava associado à ideia de "proteger" um ser frágil e indefeso. As instituições de Educação Infantil, em sua origem, receberam o rótulo de assistencialistas, em função da classe social das crianças que atendiam, isto é, crianças abandonadas que necessitavam de cuidados e proteção. De acordo com os dados históricos, mesmo aquelas instituições que acolhiam crianças pobres, com a função social de filantropia, ofereciam algum tipo de educação, embora não houvesse intenção declarada de fazê-lo. Isso mostra que os adultos que lidavam com elas, ao mesmo tempo em que delas cuidavam, também estavam, inconscientemente, transmitindo a elas valores, crenças, modos culturais de convivência, ou seja, educando-as.

De forma semelhante, essas instituições, quando mais adiante na história começaram a se dizer "educativas", não deixaram de cuidar das crianças, mesmo tendo a intenção de oferecer uma educação/instrução, estavam subjacentes cuidados que são indispensáveis de ser oferecidos às crianças pequenas. Cabe aqui nos perguntarmos, então, quais interesses existiam por trás dessa ideia de "ser instituição educativa"?

Quando se começa a usar o termo "pedagógico" para classificar as instituições de atendimento infantil, esse atendimento passa a se

EDUCAÇÃO INFANTIL E FORMAÇÃO DE PROFESSORES 97

dar de forma diferenciada em função da classe social das crianças. Para as da elite era oferecido atendimento escolar, nos moldes da escola fundamental, porque elas não tinham "carências biopsicossociais". Mas, para as crianças das classes populares, não se oferecia esse tipo de atendimento porque elas, por serem carentes, "não conseguiriam acompanhar o desenvolvimento das atividades" como as crianças da elite que não tinham tais carências. Era preciso, então, oferecer às crianças pobres um atendimento que "compensasse suas carências". Isso contribuiu para que se legitimasse esse atendimento dual, que dicotomiza cuidado e educação em função da classe social das crianças atendidas, tornando banal no imaginário social a ideia de que é natural oferecer dois tipos de atendimento, isto é, um que oferece cuidados e outro que oferece educação.

Sob a justificativa de dar "qualidade" para as instituições de Educação Infantil, utilizou-se o termo "pedagógico" para fazer a diferença entre aquelas que desenvolviam um trabalho mais voltado para a educação escolar, sem enfatizar o aspecto do cuidado, e as que não ofereciam um trabalho educacional/escolar, que atendendo crianças das classes populares tinham a intenção de oferecer assistência e se ocupavam apenas dos cuidados de que necessitavam. Criou-se, assim, a ideia de que as instituições ditas "educacionais" seriam melhores.

Visto dessa forma, sedimentou-se a ideia de que fazer uma "proposta educacional" para uma instituição de atendimento infantil seria desenvolver um trabalho de acordo com o "modelo escolar" do Ensino Fundamental. Passou-se, então, a se divulgar as "classes de alfabetização" na Educação Infantil "como uma estratégia de propaganda mercadológica para atrair as famílias abastadas".[57]

As instituições particulares de atendimento infantil, o jardim de infância dos ricos, vendiam a ideia de que nelas "seus filhos vão aprender a ler, escrever e contar muito antes daqueles que

---

57 Kuhlmann, *Infância e Educação Infantil: uma abordagem histórica*, p.83-4.

estão nas instituições públicas". É evidente que a sociedade queria muito isso (e ainda quer), pois essa tarefa de ensinar a ler, escrever e contar sempre foi, historicamente, a função social da escola. Tais instituições pautavam-se numa tendência pedagógica cognitivista de trabalho na Educação Infantil. É isso que a sociedade espera das instituições que se identificam como "escola", que elas ensinem o conhecimento historicamente construído pela humanidade, mesmo se tratando de crianças pequenas. Qual o pai que não se orgulharia de ver seu filho lendo aos 6 anos?

Por sua vez, as instituições públicas que recebiam crianças das classes populares não davam a elas o mesmo direito, até por se respaldarem em estudos que as classificavam como carentes culturalmente e necessitadas apenas de cuidados físicos e de higiene. Devido a essa concepção de criança e à classe social à qual pertenciam, o atendimento a elas oferecido fundamentava-se numa tendência romântica de trabalho na Educação Infantil. Em nome dessa "estratégia de mercado" criou-se uma separação que não existe concretamente, ou seja, criou-se um dilema no imaginário dos professores e da sociedade como um todo no que se refere ao tipo de atendimento que será oferecido em função da classe social de origem da criança. No entanto, a quem interessava essa dualidade no atendimento? Quais interesses políticos e econômicos existiam por trás dessa "ação generosa" de certos governos em atender as crianças e famílias de classes populares?

Porém, a despeito do tipo de atendimento oferecido, o que nos interessa discutir é o caráter desse atendimento enquanto influente no modelo de formação dos professores, pois, mesmo a história tendo deixado suas marcas assistencialistas, não podemos deixar de reconhecer que a ação educativa sempre esteve presente, mesmo que de forma não intencional. Penso que o ponto de partida para a solução do problema é a compreensão da concepção de infância e de Educação Infantil que estão subjacentes ao trabalho de formação dos professores.

Acredito que se essa compreensão estiver presente nas ações de formação, estaremos dando um passo para transformar esse equívoco pedagógico de oferecer cuidado e educação separadamente e que o que precisamos fazer para alcançar essa integração é termos bem clara nossa "intenção educativa". Essa separação entre cuidado em educação, em contextos informais, não existe, mas, no espaço da instituição, se o professor não tiver consciência de seu papel de educador ele irá transferir para esse contexto a ideia, concretizando-a na prática, de que as crianças pequenas, principalmente as de até 3 anos, só precisam de cuidados. Tal ideia foi construída como discurso dominante para que algumas instituições, criadas para educar os filhos da elite, pudessem conquistar seu espaço no "mercado educacional". Construiu-se um binômio sob o qual, em determinado momento da história, se passou a classificar as instituições de Educação Infantil como assistenciais ou educativas e a discriminar a classe social atendida. Ou seja, se é classe popular a ser atendida, a instituição é "assistencial", mas se é da elite o atendimento é "educacional". Não é adequado dissociar cuidado e educação no espaço da instituição, nunca o foi. Por que, então, insistiu-se nessa "classificação": assistenciais ou educacionais?

Tentar compreender como esse binômio vem sendo abordado na formação inicial de professores de Educação Infantil é a pretensão deste estudo, no intuito de que avancemos nessa discussão e deixemos de "marcar passo" quanto à formação dos professores que lidam com as crianças de até 6 anos, hoje de até 5 anos, pois penso que a maneira como os seus formadores estão tratando esse binômio pode contribuir (ou não) para sua superação.

Nesse contexto, as concepções de infância e Educação Infantil são de fundamental importância. Se se concebe a criança como alguém que precisa apenas de proteção, é isso que se vai oferecer a ela, ou seja, a forma como o professor a atende é decorrente das suas concepções e das experiências formativas que teve, tanto aquelas relativas ao seu curso de formação profissional quanto as da sua experiência pessoal. Penso, portanto, que a permanência, ou superação, do dilema cuidar *versus* educar pode ter na formação inicial, na ação formativa desenvolvida pelos formadores, uma forte aliada.

100 HELOISA HELENA OLIVEIRA DE AZEVEDO

Digo isso porque, desde 1994, quando o *Encontro Técnico sobre Política de Formação do Professor de Educação Infantil* lançou propostas de reformulações na formação dos professores de Educação Infantil, entre elas a de se oferecer um atendimento que integre cuidado e educação, os discursos em prol dessa integração ganharam espaço em todos os fóruns sobre educação no Brasil. "Integrar cuidado e educação" se tornou um *slogan* na Educação Infantil e teve alcance significativo na área, inclusive nos espaços de atendimento à criança de até 6 anos, mas, infelizmente, apenas enquanto discurso. Foi muito discutido e muito divulgado, mas parece não ter alcançado o devido entendimento por parte dos professores que atuam com as crianças. Os professores falam disso, porém não agem de acordo, não perceberam ainda que nas ações de "dar banho" e "trocar fraldas" estão integradas as ações de cuidado e educação; mas para que os professores possam pensar e agir coerentemente, eles precisam ter clara a sua intenção educativa na ação com as crianças.

Fato que contribui para a existência desse dilema é que os adultos que lidam com as crianças na instituição de atendimento infantil continuam sem identidade. Eles não têm clareza da importância do seu papel na instituição. Alguns, por terem formação profissional e pela própria função que desempenham na instituição – professor –, se negam a trocar uma fralda, pois consideram que não se formaram para ser "babás". Outros, por não terem a formação profissional e desempenharem funções secundárias – auxiliares –, limitam-se aos cuidados de higiene e alimentação e, quando solicitados a participar de uma atividade que seja tarefa do "professor", negam-se igualmente, alegando que não ganham salário suficiente para isso.

Um professor que tem clara intenção educativa da sua tarefa vai perceber a importância de uma ação que, julgada por muitos como sendo apenas cuidado, é também educativa. Numa situação de trocar a fralda de uma criança, as palavras que ele proferir para ela ou os gestos dele que a criança observar nessa interação vão significando o mundo para ela, ampliando seu vocabulário, estimulando sua percepção, atenção etc. A preocupação neste momento não

EDUCAÇÃO INFANTIL E FORMAÇÃO DE PROFESSORES 101

é se o professor está cuidando ou educando, mas a qualidade da interação que ele estabelece com a criança, da compreensão que ele tem da importância daquele momento para o desenvolvimento da criança e, mais uma vez, da intencionalidade educativa que pode estar presente na sua ação, o que vai depender das concepções e conhecimentos do professor sobre as crianças.

Essa forma fragmentada de pensar e agir na Educação Infantil é resquício da nossa história, da origem e trajetória das instituições de atendimento às crianças pequenas e da formação docente, as quais ainda fazem parte do imaginário dos professores. Qual é a necessidade de nos questionarmos se devemos educar ou cuidar das crianças? Educar crianças pequenas pressupõe realizar ações (dar banho, alimentar etc.) que são inerentes ao trato com elas.

Uma reflexão sobre a origem desse binômio já foi iniciada por Kuhlmann Jr., em sua obra *Infância e Educação Infantil: uma abordagem histórica*, na qual inclui informações históricas reveladoras de como e por que o binômio assistência *versus* educação foi se construindo e como o poder governamental foi se aproveitando dessa ideia para conquistar suas metas políticas.

Após discussões feitas ao longo desses quinze últimos anos, ainda nos encontramos presos a um dilema do passado: assistência ou educação, cuidar ou educar? Ainda vemos produções teóricas sobre o assunto que não apontam alternativas de como superar o problema. No aspecto legal tem-se reforçado essa dicotomia cuidado *versus* educação, pois na LDB se separa o atendimento em creche e pré-escola. Embora se diga que entre as duas instituições não há distinção de objetivos e finalidades, implicitamente, se remonta à ideia anterior de que às crianças de até 3 anos se oferecem cuidados (na creche) e às maiores se oferece educação (na pré-escola).

Parece-nos óbvio que não se educa uma criança de 6 meses da mesma forma que se educa outra de 4 anos, pois, a educação oferecida a elas tem conteúdos e formas diferenciados de interação com o adulto vinculados à idade da criança, mas o que não se pode concordar é que se continue fazendo essa divisão de tarefas ao lidar com a mesma criança na instituição, sob pena de se continuar reforçando a existência dessa dicotomia.

102 HELOISA HELENA OLIVEIRA DE AZEVEDO

Diante desse cenário, penso que a formação docente para esses professores não tem se ocupado disso, ou tem (inconscientemente) reforçado essa separação. Considero, portanto, que no âmbito da formação dos professores, através da ação formativa desenvolvida pelos formadores, temos as possibilidades de contribuir para a superação desse problema da separação entre cuidado e educação, pois falar que, na Educação Infantil, é "necessário integrar cuidado e educação" é frase desgastada e que, até hoje, só mascarou tal problema, só alcançando o discurso e não a prática docente.

Se hoje compreendemos que a criança é um ser que se constitui no seu contexto histórico e cultural pelas relações que estabelece, então por que ainda se perguntar, ou sequer cogitar se se deve cuidar ou educar? Consideramos que a revisão em nossa concepção de criança nos remete à organização de um trabalho pedagógico livre desse dilema.

Hoje, se pretende um professor da Educação Infantil que, fundamentalmente, seja capaz de organizar os espaços de atendimento infantil, mediando as interações das crianças, que tenha um olhar crítico sobre a sua atuação, que tenha formação específica para atuar na área e compreenda a relevância social do trabalho que desenvolve. É importante, também, que tenha conhecimentos sólidos sobre o desenvolvimento infantil para que possa contribuir com este de forma significativa. Evidentemente, esse perfil de professor pretendido está em consonância com uma visão crítica de criança e de Educação Infantil historicamente construídas.

A tarefa de formação docente exige, inicialmente, que se tente desfazer a imagem "cristalizada" do modelo de adulto que "cuida" (imagem maternal) de crianças de até 3 anos e da "professora", que ensina as de 4 e 5, o que acarreta sérios prejuízos à formação de um perfil profissional e, evidentemente, às próprias crianças que interagem com esses adultos. Por outro lado, precisamos considerar que, embora na nossa sociedade a profissão de professor não tenha um status social elevado, ser "professor", mesmo na Educação Infantil, garante a tais profissionais certo reconhecimento e, por isso, eles buscam aproximar-se das práticas escolares do Ensino Fundamental.

EDUCAÇÃO INFANTIL E FORMAÇÃO DE PROFESSORES **103**

Diante do atual contexto de mudanças significativas pelas quais passou/passa a educação das crianças de até 5 anos e a formação dos professores que com elas atuam, não podemos deixar de ressaltar que hoje se reconhece a especificidade dessa educação e dessa formação. Embora possamos encontrar semelhanças entre os professores de Educação Infantil e os professores dos outros níveis de ensino, podemos encontrar, também, diferenças, ou melhor, especificidades. Sobre isso, Kishimoto e Oliveira-Formosinho ressaltam que

> o papel dos professores das crianças pequenas é, em muitos aspectos, similar ao papel dos outros professores, mas é diferente em muitos outros. Esses aspectos diferenciadores configuram uma profissionalidade específica do trabalho das educadoras de infância. Os próprios atores envolvidos na educação de infância têm sentimentos mistos no que se refere à questão de serem iguais ou diferentes dos outros professores, nomeadamente dos outros professores do ensino primário.[58]

O professor da Educação Infantil, diferentemente dos demais professores, trabalha com a educação da infância, e esta é uma especificidade, em relação aos demais professores, que não pode estar ausente dos estudos e discussões da formação dos professores dessa área. É, sem dúvida, tarefa complexa sugerir formas de intervenção para melhorias nessa formação, mais ainda se não estivermos adequadamente informados das principais dificuldades que permeiam a área, caso contrário, corremos o risco de não alcançarmos qualquer avanço nesse sentido.

É essa procura de informações sobre os principais problemas enfrentados na formação de professores de Educação Infantil nos últimos quinze anos que abordaremos no capítulo seguinte, ou seja, buscaremos conhecer como a literatura da área e professores pesquisadores concebem e lidam com o problema da separação entre cuidado e educação na formação de professores de Educação Infantil.

---

58 Kishimoto; Oliveira-Formosinho, *Formação em contexto: uma estratégia de integração*, p.43-4.

3
O CUIDAR-EDUCAR SEGUNDO PESQUISADORES DA ÁREA DA EDUCAÇÃO INFANTIL NO BRASIL

Neste capítulo apresentamos, inicialmente, um levantamento e uma análise das ideias sobre o binômio cuidar-educar feitos a partir dos artigos aprovados no GT 7 – Educação da criança de até 6 anos de idade – da ANPEd no período de 1994 a 2003,[1] no qual identificamos as necessidades formativas desses professores e as propostas de superação delas, na tentativa de construir um quadro global da área sobre a formação de professores de Educação Infantil, fundamentalmente em seu nível inicial. Na sequência, expomos as ideias de pesquisadores da área da Educação Infantil sobre a formação de seus professores e o problema da separação entre cuidado e educação, destacando suas propostas de superação do referido problema.

As necessidades formativas de professores de Educação Infantil no Brasil (1994-2003)

Após procedermos à leitura e análise dos referidos artigos foi possível construir uma visão mais ampla acerca da atual situação

---

1 Os títulos dos artigos analisados e seus respectivos autores encontram-se no Anexo desta publicação.

da formação dos professores de Educação Infantil no Brasil e compreender que os problemas apontados encontram-se imbricados, isto é, não ocorrem de forma isolada, mas compõem um conjunto de necessidades da área que se articulam e definem o quadro geral das problemáticas atuais.

Partindo dessa compreensão é que apresentamos a seguir, em linhas gerais, as principais necessidades formativas de professores de Educação Infantil apontadas nos artigos analisados, assim como as respectivas propostas de superação. Na sequência, analisamos mais detidamente o problema da separação entre cuidado e educação, por ser este um aspecto frequentemente abordado nos artigos e a questão central deste estudo.

Ao longo destes quinze anos, percebe-se que o principal problema de formação apontado pelos autores dos artigos analisados está relacionado à "não qualificação dos professores para atuar na Educação Infantil", o que alguns autores chamam de "formação inadequada" oferecida pelos cursos de formação de professores. Há registros de professores que nem concluíram o 1º grau,[2] outros a Educação Básica. Ressalta-se, assim, a inexistência de quadros próprios de professores para atuar na Educação Infantil com formação voltada para suas especificidades.

Percebemos, na leitura dos artigos, que os anseios são por uma formação que contemple as necessidades de educação das crianças de até 6 anos de idade, ou seja, "necessidade de um atendimento que contemple as especificidades desta faixa etária, seus processos de constituição como seres humanos em diferentes contextos sociais, suas capacidades intelectuais, criativas, estéticas, expressivas".[3] Em seu artigo, apresentado na 24ª Reunião Anual (2001), Rivero[4] ressalta que, "no Brasil, a formação dos professores

---

2 O artigo que se refere a essa realidade foi aprovado na 18ª Reunião Anual (1995), antes da promulgação da LDB (9.394/96), por isso, ainda é citado como 1º grau, hoje Ensino Fundamental.

3 Wiggers, Educação Infantil é ou não é escola no movimento de reorientação curricular de Florianópolis? 24ª Reunião Anual (2001).

4 Rivero, Da educação pré-escolar à Educação Infantil: um estudo das concepções presentes na formação de professores no curso de pedagogia. 24ª Reunião Anual (2001).

EDUCAÇÃO INFANTIL E FORMAÇÃO DE PROFESSORES 107

que atuam na Educação Infantil praticamente inexiste como formação específica".

Essa exigência de "qualificação específica" está diretamente vinculada a outra necessidade que vem sendo ressaltada com frequência nesse período, que é a de "compreensão das dimensões de cuidado e educação como indissociáveis" no atendimento oferecido à criança pequena. Os artigos ressaltam a necessidade de articular cuidado e educação através da integração creche e pré-escola, o que supõe um atendimento que integre essas duas dimensões. Tal aspecto será apresentado mais detalhadamente no próximo item.

Encontramos, também, nos artigos de Ramos (2002)[5] e Terciotti e Schnetzler[6] indicativos da necessidade de haver nos cursos de formação uma disciplina que trate do brincar infantil de forma sistemática, estabelecendo articulação entre teoria e prática, ressaltando a importância desse aspecto na formação do professor da Educação Infantil. O que se verifica, segundo os artigos, é que há compreensões equivocadas ou "ingênuas" sobre o brincar da criança na instituição.

Constatamos, assim, que é muito frequente nos artigos a discussão sobre a "desarticulação entre teoria e prática na formação dos professores", principalmente, no nível inicial, em que ainda prevalece a ênfase na formação teórica seguida do "momento da prática" no estágio supervisionado realizado no último ano do curso, o que mereceu críticas em todos os artigos que, de forma mais profunda ou não, abordam esse aspecto.

Nos artigos que se dedicaram exclusivamente a discutir a formação dos professores, a formação inicial e a formação continuada são criticadas por sua proposta de viés tecnicista. No que se refere à formação continuada, esta é, ainda, centrada num modelo de formação *teórico-técnica*, desenvolvida sob a forma de "pacotes de

---

5 Ramos, Um estudo sobre o brincar infantil na formação de professoras de crianças de 0 a 6 anos. 23ª Reunião Anual (2000).

6 Terciotti; Schnetzler, Da orientação oficial à prática efetiva: o percurso de ações e ideias sobre a formação continuada do educador infantil. 25ª Reunião Anual (2002).

treinamento". O já citado artigo de Terciotti e Schnetzler desenvolve críticas contundentes à estratégia de formação continuada via *efeito multiplicador*, organizado por órgãos governamentais.

As críticas sobre esse assunto ressaltam que a formação continuada ocorre segundo o modelo da "tão criticada racionalidade técnica onde os formadores/implementadores" apenas fazem o "repasse" dos conteúdos aos professores que se limitam a "reproduzir" as práticas e a absorver ingenuamente as ideias e concepções dos "formadores". O artigo 38/03T1 reforça essa crítica, ressaltando que

> uma das marcas da formação continuada dos professores é esse esquema no qual alguém faz um curso – o coordenador pedagógico ou um dos professores – e repassa o que "aprendeu" aos demais professores. Como numa brincadeira de "telefone sem fio", muitas vezes as mensagens chegam truncadas e contribuem pouco para promover mudanças reais no trabalho do professor.

Essa realidade da formação dos professores da Educação Infantil provoca outra necessidade apontada em alguns artigos que é a de "propor uma nova identidade para os professores da Educação Infantil condizente com as peculiaridades da creche em situação contemporânea".[7] O mesmo artigo ressalta, ainda, que

> a busca da definição de uma nova profissão de "educadora de crianças pequenas" está ligada à concretização da concepção de creche e pré-escola enquanto instituições públicas de caráter educativo, mas não escolar, no sentido de superar as dicotomias que têm acompanhado estas duas modalidades de atendimento a meninas e meninos com até 6 anos.

Nesse contexto, se fazem presentes discussões sobre gênero, pois "essa profissão tem sido marcada por uma naturalização do

---

7 Cerisara, Educadoras de creche: entre o feminino e o professor. 20ª Reunião Anual (1997).

EDUCAÇÃO INFANTIL E FORMAÇÃO DE PROFESSORES 109

feminino quando é enfatizado o predomínio de mulheres como professores dessas instituições", que, embora seja tema importante para a área, não é nosso foco de discussão neste estudo.

Porém a "construção de um novo perfil profissional capaz de atender à diversidade de necessidades apresentadas pelas crianças e suas famílias" exige, em primeiro lugar, que os professores tenham clareza sobre as dimensões da infância, isto é, faz-se necessária uma "revisão das concepções de criança, família e educação".[8]

Por outro lado, Rocha e Strenzel[9] nos alertam para o fato de que "existe pouco debate sobre saberes dos professores e a condição de ser professor de Educação Infantil, por serem saberes em construção", que nos possibilite construir um novo perfil de professor para atuar na Educação Infantil.

Dentre as necessidades formativas apontadas também encontramos aquelas referentes a um *viés psicologizante* "nos cursos de formação de professores, pois alguns atribuem carga horária maior às disciplinas voltadas para a psicologia, tendo como agravante uma compreensão equivocada das teorias psicológicas sobre o desenvolvimento infantil".[10] Machado[11] chama esse problema de "utilização ressignificada das formulações de Piaget, Vygotsky e Wallon". Rivero,[12] por sua vez, ressalta como problema o fato de os conhecimentos sobre as crianças, nos cursos de formação, serem advindos das ciências médicas e da psicologia infantil. Evidentemente, outras necessidades são ressaltadas pelos autores, mas com menor ênfase.

---

8 Haddad, Educação Infantil no Brasil: refletindo sobre as dimensões do cuidado, educação e socialização da criança. 20ª Reunião Anual (1997).

9 Rocha; Strenzel, Indicadores para avaliação de contexto educacional em creche: articulando pesquisa pedagógica e formação professor. 25ª Reunião Anual (2002).

10 Arce, Jardineira, tia ou professorinha? O reflexo do mito sobre o real. 19ª Reunião Anual (1996); Azevedo; Schnetzler, Necessidades formativas de professores de Educação Infantil. 24ª Reunião Anual (2001).

11 Machado, Professores para a Educação Infantil: a idealização e o acompanhamento de projetos de formação. 21ª Reunião Anual (1998).

12 Rivero, op. cit.

As propostas de melhorias na formação segundo os artigos da ANPEd

Entre as propostas feitas pelos autores dos artigos, a quase totalidade aponta para "reformulação nos cursos de formação de professores e, ainda, da necessidade de criação de uma habilitação específica que forme o professor da Educação Infantil", de modo a atender às "necessidades de cuidado e educação" das crianças de até 6 anos de idade.

No que se refere à *falta de qualificação dos professores*, alguns autores propõem:

- Criação de curso regular de qualificação para os educadores de creche que complemente a escolaridade básica para aqueles que não a concluíram, associando a ela uma habilitação específica para atuar na Educação Infantil. Para a formação em nível médio, propõe-se a criação de uma habilitação que receba a denominação específica: Educador Infantil de Creche, ou similar, demarcando uma nova modalidade de educador.[13]
- Reformular os cursos de formação desses professores, em nível superior, integrando elementos que constituem a especificidade do trabalho junto a instituições educativas para crianças de até 6 anos, incluindo domínio de conhecimento técnico e o desenvolvimento de habilidades para realizar atividades variadas, particularmente expressivas, e para interagir com crianças pequenas, que possibilitem a construção de um novo patamar nas práticas de atendimento.[14]

---

13 Faria, A pré-escola na Itália. 18ª Reunião Anual (1995). Osteto, Nas tramas da formação do professor de Educação Infantil: universidade e creches estabelecendo interlocuções, tecendo relações, criando alternativas. 19ª Reunião Anual (1996).

14 Cerisara, op. cit.; Machado, op. cit.; Bragagnolo, A experiência de uma professora-pesquisadora no universo da Educação Infantil. 23ª Reunião Anual (2000).

EDUCAÇÃO INFANTIL E FORMAÇÃO DE PROFESSORES   111

- Formação de formadores e pesquisadores de Educação Infantil, possibilitando na formação inicial o contato com discussões e práticas que estimulem a atuação docente numa perspectiva crítico-reflexiva.[15]
- Formação em parceria entre os vários setores que integram a educação e os órgãos que financiam a Educação Infantil e as universidades, garantindo uma formação que tenha como eixo a docência de forma indissociável da pesquisa.[16]

Essa realidade da formação dos professores configura-se na busca de *superação do caráter assistencial* ao qual a educação das crianças pequenas esteve vinculada desde sua origem, apontando como alternativa a construção de uma "Pedagogia da Educação Infantil". O eixo principal de discussão desta Pedagogia fundamenta-se nas *críticas ao modelo escolar* que tem sido desenvolvido na Educação Infantil para as crianças de 4 a 6 anos, em oposição a uma prática de apenas cuidar das crianças de até 3 anos. Sobre esses aspectos identificamos as seguintes propostas:

- Questionar o caráter "pedagógico" da Educação Infantil enquanto estratégia para acobertar interesses e objetivos (relações poder-saber) que orientam os projetos e as políticas para a infância.[17]
- Considerar a criança e seu contexto sociocultural e como foco de estudo os processos de constituição das crianças como seres humanos, privilegiando o fortalecimento da relação com a família, bem como a ênfase nos âmbitos da formação inicial e continuada relacionada à expressão e à arte.[18]

---

15 Rocha, A Educação Infantil na pesquisa e as pesquisas sobre Educação Infantil: a trajetória da ANPEd (1990-1996). 21ª Reunião Anual (1998); Azevedo; Schnetzler, op. cit.

16 Haddad, op. cit.; Sayão; Mota, A Educação Infantil no município do Rio Grande/RS: caracterização das professoras. 23ª Reunião Anual (2000).

17 Bujes, O pedagógico na Educação Infantil: uma releitura. 21ª Reunião Anual (1998).

18 Rocha, op. cit.; Id., A pedagogia e a Educação Infantil. 22ª Reunião Anual (1999); Wiggers, Vieses pedagógicos da Educação Infantil em um dos municípios brasileiros. 25ª Reunião Anual (2002).

112 HELOISA HELENA OLIVEIRA DE AZEVEDO

- Formação específica para a Educação Infantil que não forme o "professor", ou seja, que estabeleça uma ruptura com a formação do "ensinante" e assegure os aspectos do cuidar e educar, adotando um novo paradigma de atendimento.[19]

Tais propostas remetem à *reformulação do perfil do professor* para atuar nesta área, o que exige, também, uma *revisão nas concepções de criança, educação, professor e família*. Os autores dos artigos analisados apontam as seguintes propostas em direção ao alcance dessas mudanças:

- Construção de um novo perfil de professor e organização de espaços de formação que contemplem as especificidades do atendimento à criança de até 6 anos, integrando cuidado e educação.[20]
- Dar intenso valor à "construção social da infância" que enfatize o espaço educativo como lugar de direito das crianças.[21]

Os artigos analisados, ao criticarem a *desarticulação teórico--prática* na formação dos professores, abordam esse aspecto considerando, em alguns artigos, os dois âmbitos de formação (inicial e continuada). Sobre isso, apontam as seguintes alternativas de superação dessa dicotomia:

- Desenvolvimento de cursos de Formação Continuada com base teórica Construtivista.[22]
- Espaço do estágio supervisionado como espaço de reflexão crítica e articulação teórico-prática por parte das professoras

---

19 Rosseti-Ferreira; Silva, Desafios atuais da Educação Infantil e da qualificação de seus professores. 23ª Reunião Anual (2000); Rivero, op. cit.; Ávila, As professoras de crianças pequenininhas e o cuidar e educar. 25ª Reunião Anual (2002).

20 Cerisara, op. cit.; Rosseti-Ferreira; Silva, op. cit.

21 Guimarães; Leite, A pedagogia dos pequenos: uma contribuição dos autores italianos. 22ª Reunião Anual (1999).

22 Cavicchia, Formação Continuada de educadores para interação creche/pré--escola num programa de cooperação universidade-prefeitura. 17ª Reunião Anual (1994).

EDUCAÇÃO INFANTIL E FORMAÇÃO DE PROFESSORES **113**

das escolas e das estagiárias, proporcionando maior contato dos professores com crianças na formação inicial, visando à formação do professor-pesquisador.[23]

- Desenvolver atividades de ensino, pesquisa e extensão, assim como atividades acadêmicas que possibilitem a reflexão para formar um professor que tenha olhar crítico sobre o próprio trabalho, sobre suas concepções de desenvolvimento infantil e a relação deste conhecimento com o meio socioeconômico e político que o cerca.[24]
- Modificação de toda a estrutura da formação, capacitação e supervisão existente, acompanhada de mudanças nas instituições de atendimento.[25]
- Reconhecimento dos saberes e das práticas dos professores, tomando a prática como ponto de partida para a elaboração do currículo da formação, visando à superação do distanciamento entre teoria e prática.[26]
- Estímulo à participação voluntária nos eventos de formação continuada e reformulação nessa política que não desvincule a formação da profissão, carreira, salários, condições de trabalho e de produção.[27]
- Ruptura com práticas de formação a distância; constituição de grupos de formação e articulação da formação inicial com

---

23 Osteto, Nas tramas da formação do professor de Educação Infantil: universidade e creches estabelecendo interlocuções, tecendo relações, criando alternativas. 19ª Reunião Anual (1996); Rivero, op. cit.

24 Vasconcelos; Fernandes, Construindo o perfil de professores da rede pública de Niterói. 21ª Reunião Anual (1998); Rivero, op. cit.; Raupp, A Educação Infantil nas universidades federais. 25ª Reunião Anual (2002).

25 Rosseti-Ferreira; Silva, op. cit.

26 Fernandes, Grupos de formação – Análise de um processo de formação em serviço sob a perspectiva dos professores da Educação Infantil. 24ª Reunião Anual (2001); Terciotti; Schnetzler, Da orientação oficial à prática efetiva. 25ª Reunião Anual (2002).

27 Fernandes, op. cit.; Mello; Porto, Concepções de formação em serviço: uma pesquisa com profissionais de Secretarias Municipais de educação. 26ª Reunião Anual (2003).

114 HELOISA HELENA OLIVEIRA DE AZEVEDO

a formação continuada e com os professores que já atuam com crianças.[28]

- Construção de uma metodologia investigativa que tome como foco a atuação do professor de Educação Infantil e a própria criança e os modos de constituição da cultura infantil no interior da creche.[29]
- Formação que vá além das demandas imediatas do dia a dia, para alcançar a condição de práxis: prática pensada, refletida.[30]

Como citamos no item das necessidades formativas, alguns artigos se referem a uma compreensão equivocada do brincar infantil, para o qual apontam as seguintes propostas de superação:

- Formação sólida que tenha como centro o conhecimento acumulado pela humanidade ao qual a criança precisa ser posta em contato e assegure a presença dos futuros professores em atividades lúdicas em sala de aula.[31]
- Cursos de Pedagogia (FI) que privilegiem em seus currículos as múltiplas linguagens e competências profissionais com a inclusão de conteúdos voltados à Música, à Dança, ao Teatro, às Artes Plásticas e Visuais, à Educação Física, entre outros.[32]

Considerando as necessidades formativas e as formas de enfrentamento propostas pelos autores, o *perfil de professor de Educação Infantil* pretendido é expresso nos artigos da seguinte forma:

- Mediador eficiente das interações entre as crianças e agente responsável pela criação de condições no ambiente imediato

---

28 Fernandes, op. cit.; Rocha; Strenzel, Indicadores para avaliação de contexto educacional em creche. 25ª Reunião Anual (2002).

29 Rocha; Strenzel, op. cit.

30 Micarello, A formação de professores da Educação Infantil. 26ª Reunião Anual (2003).

31 Arce, op. cit.; Ramos, Um estudo sobre o brincar infantil na formação de professoras de crianças de até 6 anos. 23ª Reunião Anual (2000).

32 Kishimoto. Salas de aula nas escolas infantis e o uso de brinquedos e materiais pedagógicos. 23ª Reunião Anual (2000).

EDUCAÇÃO INFANTIL E FORMAÇÃO DE PROFESSORES **115**

da criança, para construção e organização de seus conhecimentos; mediador da cultura e neste exercício integrar cuidado e educação.[33]

- Ter fundamentação teórica consistente. É o responsável direto pela organização, planejamento, pelas interferências e pela avaliação permanente das situações interativas vivenciadas pelo grupo (crianças e professora).[34]
- Autores e atores na construção do espaço coletivo da instituição. Ter olhar crítico sobre o próprio trabalho, sobre suas concepções de desenvolvimento infantil e a relação desse conhecimento com o meio socioeconômico e político que o cerca.[35]
- Promotor do desenvolvimento da criança, considerando seus interesses concretos a partir das características próprias dos estágios do desenvolvimento. Sujeito com formação específica, aberta às pesquisas da área e ao diálogo com o "novo", que lhe permita avançar no modo de conceber a criança.[36]

Percebemos que esse perfil de professor pretendido não está em consonância com a totalidade das *concepções de criança e Educação Infantil* dos autores dos artigos analisados, as quais caracterizam-se ora na tendência romântica, ora na cognitivista ou ora numa tendência pedagógica crítica de trabalho na Educação Infantil.

Sendo assim, podemos dizer que para que o perfil desejado seja alcançado, as necessidades formativas precisarão ser supridas, porém a realidade atual da formação inicial oferecida a esses professores ainda não contempla a formação de um professor com o

---

33 Cavicchia, op. cit.; Rosseti-Ferreira; Silva, op. cit.; Terciotti; Schnetzler, op. cit.
34 Machado, Educação Infantil e currículo: a especificidade do projeto educacional e pedagógico para creches e pré-escola. 19ª Reunião Anual (1996).
35 Vasconcelos; Fernandes, op. cit.
36 Wiggers, Educação Infantil é ou não é escola no movimento de reorientação curricular de Florianópolis? 24ª Reunião Anual (2001).

116 HELOISA HELENA OLIVEIRA DE AZEVEDO

perfil apontado, embora os artigos analisados sejam unânimes em criticar o modelo de formação centrado na *racionalidade técnica*. Embora encontremos algumas "confusões teóricas", a proposta que se faz para a formação docente é que esta forme o professor pesquisador/reflexivo/crítico, o qual tenha autonomia para planejar, desenvolver e avaliar o seu trabalho pedagógico. Uma formação que não dispense a "sólida formação teórica" mas que ressalte a necessidade de articulação com a prática, que considere os diferentes saberes dos professores e os ajude a construir sua identidade docente.

É importante ressaltar que as alternativas de melhoria nessa formação, apontadas pelos autores, apresentam-se de forma generalizada, ou seja, não indicam de forma mais concreta e específica *como*, efetivamente, desenvolver uma ação formativa que ajude a superar o problema da separação cuidar-educar e alcançar os patamares de qualidade pretendidos na formação desses professores.

Além disso, são muito frequentes nos textos analisados as referências de que a necessária melhoria na qualidade do atendimento oferecido às crianças de até 6 anos de idade passa, primeiramente, pela melhoria na formação do professor. Essa melhoria, no entanto, é discutida mais amplamente no que se refere às reformas políticas e curriculares nos cursos de formação, aliadas à necessidade de articulação teoria-prática. Essa última centra suas análises nas dificuldades que "o professor de Educação Infantil" tem de fazer essa articulação ao desenvolver seu trabalho docente, ressaltando que os cursos de formação não preveem, em seus currículos, momentos que possibilitem esse exercício. Tais propostas em momento algum voltam seus olhares para a análise das concepções e ações desenvolvidas por formadores desses professores como aspecto relevante para o alcance das melhorias pretendidas.

Os artigos analisados sob a temática "formação de professores de Educação Infantil", em seu nível inicial, não especificam, portanto, em suas análises, *o papel do formador* como elemento *mediador* imprescindível para essas mudanças, isto é, não é levado em

EDUCAÇÃO INFANTIL E FORMAÇÃO DE PROFESSORES 117

consideração o fato de que o futuro professor é, em grande medida, constituído pela ação formativa desenvolvida por seus formadores. Observamos que são vagas as propostas de melhorias na formação em que se considera a importância do papel dos formadores. O artigo de Machado,[37] ao se reportar ao formador, ressalta que "sua principal tarefa será a de, simultaneamente, sensibilizar e informar, buscando ampliar as possibilidades expressivas e o nível de conhecimento dos estudantes". Por outro lado, Rocha[38] aponta para a necessidade de se "formar pesquisadores e formadores de Educação Infantil", enfatizando a importância do "estabelecimento de um elo político e epistemológico na construção curricular da formação".

Ainda sobre o papel do formador, o artigo de Azevedo e Schnetzler[39] é um pouco mais explícito ao propor que

as mudanças a serem feitas na formação dos professores da Educação Infantil implicam um repensar da concepção de formação docente dos formadores. Esse tem a tarefa de problematizar a prática e "contagiar" seus alunos com a necessidade de questioná-la, ajudando-os a construir o que Freire (1997) chamou de "curiosidade epistemológica", levando-os a compreender a complexidade de sua ação educativa.

O artigo de Micarello,[40] que se refere a uma investigação cujo foco é a relação teoria-prática na formação docente, aborda a ótica dos formadores e, na visão da autora, estes

apontam a precariedade da formação inicial, principalmente no que se refere ao professor que atua na Educação Infantil; reconhecem a dissociação entre teoria e prática; culpabilizam ora o profes-

---

37 Machado, Professores para a Educação Infantil: a idealização e o acompanhamento de projetos de formação. 21ª Reunião Anual (1998).
38 Rocha, op. cit.
39 Azevedo; Schnetzler, op. cit.
40 Micarello, op. cit.

sor-formador, que estaria desatualizado, ora o professor que está se formando, que não teria interesse pelas questões teóricas, ora, ainda, a própria estrutura dos cursos de formação.

Isso tudo nos revela que o problema da separação cuidar-educar é algo já muito discutido na área de forma diretamente relacionada à formação dos professores, mas que ainda não se tem clareza de como superá-lo. Igualmente, a importância do papel do formador na formação de professores de Educação Infantil ainda não é preocupação frequente na área, reforçando nosso interesse nesse foco de investigação.

Sobre o cuidar-educar

Ao analisarmos o conteúdo dos artigos no que se refere ao cuidar-educar, foi curioso observar que a grande maioria dos autores aborda esse assunto utilizando a expressão "necessidade de integrar cuidado e educação" e não "problema da separação cuidado-educação", talvez devido à forma adotada pela literatura da área para tratar do assunto. Evidentemente, as duas expressões têm o mesmo sentido, porém, a meu ver, a primeira é eufemística, pois mascara e ameniza o problema quando o apresenta através de uma expressão mais sutil. Opto por utilizar, neste estudo, a segunda expressão, pois penso que esta é mais esclarecedora do problema e, espero, ressalte sua gravidade aos leitores.

O artigo de Cavicchia[41] destaca a integração creche-pré-escola, proposta pelo MEC, como diretriz orientadora das reformulações necessárias na preparação de educadores. Refere-se à integração desses espaços de atendimento como "uma nova forma de encarar a Educação Infantil".

A separação entre essas duas dimensões é provocada, na visão de um dos autores, pela não compreensão dos "sentidos"

---

41 Cavicchia, op. cit.

EDUCAÇÃO INFANTIL E FORMAÇÃO DE PROFESSORES 119

do cuidar nas instituições, a qual se refere como "secundarização do cuidado".[42] A dicotomia cuidado-educação apresenta-se nos artigos, em geral, como uma dificuldade que está subjacente ao trabalho dos professores, isto é, à sua formação inadequada para o trabalho com crianças pequenas, o que inclui a "necessidade de revisão das concepções de criança, educação, professor e Educação Infantil" dos professores dessa área.

O problema da separação entre cuidado e educação é uma decorrência da tentativa de superação do "caráter assistencial" que, historicamente, orientou/orienta o atendimento à criança pequena, substituindo-o pelo "caráter pedagógico", o que também é amplamente discutido nos artigos. O artigo de Almeida,[43] início do período aqui analisado, faz críticas à "ênfase no aspecto assistencial do atendimento às crianças com até 4 anos e deficitário em seu aspecto pedagógico". A autora desse artigo compartilha das ideias de autores, como Sonia Kramer, que reconhecem que

a pré-escola tem o papel social de valorizar os conhecimentos que as crianças possuem e garantir a aquisição de novos conhecimentos. *A pré-escola com função pedagógica é aquela que tem consciência de seu papel social, busca trabalhar a realidade sociocultural da criança, seus interesses e necessidades que manifesta naquela etapa da vida.* (grifo nosso)

Considera, também, que a pré-escola precisa trabalhar os conhecimentos de forma articulada com o Ensino Fundamental.

Esse é outro aspecto, igualmente importante, ressaltado em alguns artigos, ou seja, o *caráter escolar* presente na Educação Infantil respaldado na ideia de "Educação Infantil com função pedagógica", o qual tenta se justificar como oposição ao atendimento exclusivamente assistencial, mas que, segundo os autores, descon-

---

42 Fernandes, op. cit.
43 Almeida, Currículo da pré-escola e formação do educador em serviço. 17ª Reunião Anual (1994).

sidera as especificidades e necessidades da infância quando tenta, de forma precoce, preparar o "aluno" do Ensino Fundamental, esquecendo-se da criança.

No artigo de Raupp,[44] encontramos referência à "pré-escola com função pedagógica" na década de 1980, em cujo atendimento se buscava "a função de substituição da função da família e propunha garantir o desenvolvimento cognitivo, emocional e social das crianças". A proposta de superação desse caráter escolar nas instituições de Educação Infantil feita pela autora ressalta que a construção de uma

> pedagogia própria para a área se caracteriza na busca da especificidade do trabalho a ser realizado com as crianças da faixa etária de até 6 anos. Significa a superação do caráter escolar ainda presente nas instituições de Educação Infantil. Trata-se de novos tempos que indicam outro perfil de professor para atuar na Educação Infantil [...].

Convém ressaltar que, conforme a retomada histórica feita no Capítulo 1 deste estudo, é na década de 1980 que ocorrem mudanças significativas na área da Educação Infantil como, por exemplo, a Constituição Federal de 1988, que desencadeou todo um processo de reconhecimento do direito à educação das crianças de até 6 anos e de revisão nas concepções de criança e de Educação Infantil. A pré-escola com "função pedagógica" foi a grande novidade daquele momento.

Essa visão escolarizada da Educação Infantil, segundo os artigos analisados, ainda é muito presente nas instituições. Na avaliação de Ávila,

> a vinculação das professoras de crianças pequenininhas ao sistema de ensino cumpre a Constituição Federal, a LDB – 9394/96 (art. 87 parágrafo 4º), inaugura uma nova profissão cuja função é

---

44 Raupp, op. cit.

EDUCAÇÃO INFANTIL E FORMAÇÃO DE PROFESSORES **121**

docente. Isso indica em quais bases essa Pedagogia da Educação Infantil está sendo construída.[45]

Noutras palavras, a autora do artigo considera que a vinculação da Educação Infantil ao sistema de ensino reforça a visão escolarizada nessa área, pois ao desenvolver sua pesquisa em instituições de atendimento infantil encontrou práticas pedagógicas voltadas para o ensino de conteúdos. Segundo ela, a relação entre a condição/posição da professora na creche (monitora ou professora) e a sua concepção de criança é definidora de suas ações. A relação entre as professoras e monitoras nas instituições pesquisadas era estabelecida pela definição das tarefas: professoras – atividades pedagógicas; monitoras – cuidados físicos e de higiene.

Na visão de Cunha e Carvalho,

a compreensão da tarefa da educadora de creche como uma responsável pelos cuidados básicos da criança – tarefa para a qual a afetividade é o maior atributo (ter jeito, ter amor às crianças, gostar) – tem contribuído para o pequeno investimento na formação docente destas professores.[46]

Essas educadoras se identificam com tal tarefa por serem/terem um lado maternal, fonte de sua "identidade de professor" e de suas práticas cotidianas nas creches. Esse cuidar "maternal" das educadoras gera conflito de identidade na medida em que esse papel social é disputado com as mães. As atividades de cuidado são as que mais ocupam o tempo das educadoras/monitoras, caracterizando assim sua função na instituição. A referida autora ressalta a importância da relação entre a formação docente e o processo de construção da identidade dessas mulheres.

---

45 Ávila, op. cit.
46 Cunha; Carvalho, Cuidar de crianças em creches: os conflitos e os desafios de uma profissão em construção. 25ª Reunião Anual (2002).

122 HELOISA HELENA OLIVEIRA DE AZEVEDO

Nesse mesmo contexto, Bujes faz um alerta para a "falsa dicotomia função assistencial *versus* função educacional da Educação Infantil, enfatizando o caráter de regulação social das chamadas 'práticas pedagógicas' e seu caráter ativo na produção dos sujeitos infantis".[47] O artigo examina concepções sobre cuidar-educar que são representativas de programas institucionais voltados para o atendimento à criança pequena, para mostrar como tais formas de conceber o que cabe à Educação Infantil foram associadas a perspectivas que classificam tais iniciativas como "educativas" ou "assistenciais". A autora do referido artigo argumenta que

> advogar pela introdução do "pedagógico" como solução, no sentido de superar o caráter discriminatório, pejorativo e moralizador de muitas das iniciativas classificadas como "assistenciais", supõe uma interpretação limitada e unívoca do que se toma como "pedagógico", impossibilitando que outras vozes e outros entendimentos da questão possam vir à discussão.

O referido artigo ressalta, ainda, a opinião de um autor da área que é contrária a essa "polarização que coloca de um lado o caráter assistencial, opondo-se ao educacional", tentando incluir a ideia de que imprimir um caráter educacional ou pedagógico é fazer "inovação" na Educação Infantil. A autora do artigo ressalta que "o surgimento da Educação Infantil institucionalizada, especialmente das creches, no Brasil – como um fenômeno social – sempre teve uma necessidade social propriamente educativa", embora não claramente revelada pelos grupos em situação de vantagem na estrutura social.

Nesse artigo, a autora analisa três propostas representativas da vertente crítica da Educação Infantil e que identificam o "pedagógico" como via para a efetivação de propósitos cuja marca seja a equidade. Ao examinar as propostas ressalta o caráter de regulação social das chamadas "práticas pedagógicas". Questiona a inclu-

---

47 Bujes, op. cit.

EDUCAÇÃO INFANTIL E FORMAÇÃO DE PROFESSORES **123**

são do "pedagógico" como modelo ideal, o que, segundo ela, deixa de atribuir essa característica a concepções diferenciadas. Dessa forma a pedagogia é vista como tecnologia para individualizar e normatizar sujeitos. Para ela, cuidar e educar sempre estiveram associados e a cisão entre tais processos não está na sua pretensa desarticulação, mas em como são vistos os sujeitos infantis, como contribuintes de redes de socialização com propósitos diferenciados. Questiona, ao final, se o foco no pedagógico não está servindo apenas como estratégia para acobertar interesses e objetivos – as relações poder-saber – que orientam os projetos e as políticas para a infância.

Ainda a função assistencialista e compensatória atribuída à Educação Infantil é criticada por Rivero, que ressalta que a redefinição da função da Educação Infantil se faz pela ruptura, na formação, com a ideia de "ensino" e com a visão de que o "professor" é o "ensinante".[48] Compreende a pré-escola com função pedagógica, mas não preparatória para o Ensino Fundamental. Essa "função pedagógica" busca a especificidade da Educação Infantil, rompe com o assistencialismo e deixa de privilegiar o desenvolvimento cognitivo, concebendo o processo educativo em uma perspectiva integrada, que busca contemplar cuidado e educação.

A proposta de articular cuidado e educação é igualmente enfatizada no artigo de Wiggers,[49] o qual é resultado da análise de um Movimento de Reorientação Curricular de um município do Sul do país. Ao analisar, em sua pesquisa, categorias como "educação escolar" e "Educação Infantil", a autora desse artigo identifica uma Educação Infantil subordinada ao Ensino Fundamental, pois indica para a primeira uma forma de trabalho predominante no segundo. Supõe que isso é provocado pela "ausência de clareza dos professores" quanto ao caráter educativo e/ou à especificidade da

---

48 Rivero, op. cit.
49 Wiggers, Educação Infantil é ou não é escola no movimento de reorientação curricular de Florianópolis? 24ª Reunião Anual (2001).

Educação Infantil. Esse "caráter educativo" é compreendido como "espelho" do modelo escolar.

Para a autora do referido artigo, articular cuidado e educação significa considerar os elementos do contexto social exterior à instituição, tais como a família, a comunidade, a igreja etc., que exercem forte influência sobre a criança e precisam ser considerados para a organização da prática pedagógica na Educação Infantil.

Nesse sentido, Coutinho revela que foi possível visualizar, a partir da pesquisa por ela realizada, os (des)encontros das ações infantis e das proposições das creches, principalmente nos momentos de educação e cuidado mais voltados para o corpo.[50] As educadoras reconhecem que não planejam situações de educação e cuidado mais voltadas para o corpo e que estas são realizadas mecanicamente. Propõe, assim, retomar todas as dimensões que constituem a infância enquanto provocadoras das ações das professoras, tanto das que atuam com as crianças quanto com os formadores, a fim de que se constitua uma pedagogia da infância e da Educação Infantil. Essa questão será discutida mais adiante.

Wiggers,[51] igualmente, propõe a elaboração de uma pedagogia para a infância e para a Educação Infantil, pois em pesquisa que desenvolveu encontrou organização das ações cotidianas das crianças com base em conteúdos da escolarização posterior. Esta é vista como boa no contexto pesquisado, pois prepara a criança para o Ensino Fundamental. Alerta, ainda, para abordagens que têm em mira apenas segmentos do ser criança e/ou sua padronização e não suas múltiplas dimensões e que tratam o cuidado e a educação das novas gerações de forma dicotômica.

Em suas conclusões, a referida autora ressalta a ausência de clareza no que tange à dimensão educativa da creche e da pré-escola e considera que "a Educação Infantil, como área específica, precisa

---

50 Coutinho, Educação Infantil: Espaço de educação e cuidado. 25ª Reunião Anual (2002).

51 Wiggers, Vieses pedagógicos da Educação Infantil em um dos municípios brasileiros. 25ª Reunião Anual (2002).

ainda refletir, discutir, debater e produzir conhecimentos e práticas sobre como devem ser cuidadas e educadas crianças menores de 7 anos em creches e pré-escolas, compromisso de todos os que, direta ou indiretamente, se vinculam a esta modalidade educativa".

Complementando essa ideia, Micarello[52] ressalta a inadequação da formação de professores para atuar na Educação Infantil. Segundo essa autora, a formação, em seu nível inicial, além de não contemplar as questões específicas da Educação Infantil, não oferece conhecimentos suficientes para enfrentar os desafios da vida desse profissional.

Discutindo propostas de superação do cuidar--educar: a visão dos formadores

Após analisarmos os artigos do GT 7 da ANPEd, tomamos os resultados como eixos orientadores das entrevistas realizadas com cinco formadores, cuja análise apresentamos a seguir, procedendo ao recorte das falas dos sujeitos no que se refere às categorias temáticas: concepção de criança, perfil de professor e relação teoria e prática. Em conjunto com suas ideias e propostas, ressaltamos nossas concordâncias e discordâncias relativas à formação dos professores de Educação Infantil e ao problema da separação cuidar-educar.

Concepção de criança

Inicialmente, podemos dizer que as concepções de criança dos cinco formadores aqui analisadas não se pautam igualmente numa tendência crítica de Educação Infantil, tal como esta é colocada pela literatura da área como mais adequada à formação de professores para atuar na Educação Infantil. Percebemos, também, que as concepções de Educação Infantil, escola, professor e ensino não se encontram, igualmente, numa abordagem histórico-crí-

---

52 Micarello, op. cit.

tica de educação. Evidentemente, eles também adotam diferentes estratégias para o enfrentamento do problema da separação cuidar-educar.

Especificamente, os formadores A, B e C revelam concepções de criança e Educação Infantil que se assemelham à tendência romântica de trabalho na Educação Infantil, a qual se desenvolve a partir dos interesses das crianças, aliada à ideia de que o espaço da Educação Infantil "não é escola".

Na visão do formador A, a tarefa mais importante da formação inicial é tentar sensibilizar as alunas para elas compreenderem a complexidade das crianças, "para elas romperem com essas visões estereotipadas de criança única, de criança de classe média, de criança branca [...]". Conforme revela sua fala a seguir:

> Então a gente tem uma carga importante nas disciplinas pra estar trabalhando muito essa concepção de infância, das infâncias, mostrando que não tem um jeito único de ser criança, mas que essa criança se constrói mesmo nas relações sociais. Trabalhamos muito com a sociologia da infância, com essa concepção que vai dizer que a criança é um ator social pleno, é sujeito de direitos, um cidadão de plenos direitos e que precisa se trabalhar, então, na linha dos direitos das crianças, direito de provisão, direito de participação [...].

> A gente está descobrindo que a gente não sabe quem são as crianças. Então, a gente está partindo desse pressuposto: a gente não sabe do que as crianças gostam, a gente não sabe o que as crianças fazem, a gente não sabe como é que elas brincam, porque a gente nunca parou pra olhar, porque a gente só olhava e dizia: "ela está na fase tal porque está empilhando pratinhos", "está fazendo tal coisa", "não, bebê não brinca com boneca", então, a gente nunca colocou boneca no berçário porque o bebê não sabe brincar com boneca, não tem ainda o pensamento simbólico.

O formador B, por sua vez, considera que outro aspecto que limita bastante a tentativa de (re)construção da concepção de criança

EDUCAÇÃO INFANTIL E FORMAÇÃO DE PROFESSORES 127

e de ruptura com essa visão escolarizada é o reduzido tempo destinado à formação em Educação Infantil no curso, isto é, apenas dois semestres. "Você começa e em um ano você ouve falar e aí termina. Eu nunca ouvi falar. São só dois semestres, é muito pouco. Então, essa é a nossa principal dificuldade em termos de introduzir, muitas vezes, toda uma outra perspectiva teórica no curso."

Segundo o formador C, que trabalha com disciplinas relacionadas à Educação Infantil em uma universidade pública, a concepção de criança ainda é pouco trabalhada nessa formação. Algumas reformulações têm sido feitas ao nível da disciplina que discute história da educação, mas ainda não é satisfatório.

O formador D, antes de expressar sua concepção de criança, aponta aspectos estruturais e de concepção do que seja uma escola, uma unidade que educa crianças. Considera que, no Brasil, nossa concepção de escola infantil é ainda de um "depósito", um lugar para guardar crianças, *"tem cara de escola, mas não deixou de ser depósito"*. Isso provoca alguns dos problemas a serem enfrentados. Um deles é o número excessivo de crianças para cada professor atender.

Sobre a questão da integração cuidado-educação, o formador D considera que, em nível discursivo, nós já esgotamos todas as possibilidades e que o momento atual é de estreitar relações com a escola, de ir lá verificar como os professores estão lidando com isso no seu dia a dia.

eu acho que está na hora da gente superar essa discussão, porque em todo espaço, não só com criança pequena, a educação e o cuidado estão juntos, não tem como separar. Está na hora da gente pensar que não é só na discussão que a gente vai resolver esses problemas. Os problemas não estão na discussão, estão lá no contexto da prática, é lá que a gente tem que ir ver o que está acontecendo. [...] Essa questão da educação e do cuidado a gente tem que ver no próprio contexto e ali a gente vai ver essa dimensão. Não adianta a gente ficar discutindo só em congressos. Eu acho que já se esgotou esse tipo de discussão.

128 HELOISA HELENA OLIVEIRA DE AZEVEDO

O formador D considera essa discussão da dicotomia cuida-do-educação coisa do século passado. Segundo ele, hoje, precisamos pensar em integrar escola-família, "aprofundar as discussões com a família da criança nos momentos de decisões coletivas, para afinar as significações envolvidas e entender o ponto de vista do outro, da família".

O formador D, ainda sobre o cuidar-educar, reitera que:

> Nós temos que ir lá agora, e ver o que está acontecendo, e junto com os professores e os pais tentar avançar nisso. Não adianta ficar em vários congressos e na universidade discutindo essa questão, não é por aí. Enquanto a gente não quebrar essas resistências na própria prática nós não vamos resolver o problema.

Concordamos com o formador D que tais estratégias são importantes nessa formação no que se refere ao problema da desarticulação teoria-prática, mas discordamos quanto ao fato de que estas sejam suficientes enquanto superadoras do problema da separação cuidar-educar. Tais estratégias auxiliam, segundo Tardif, os futuros professores a se formarem,

> num contexto de múltiplas interações que representam condicionantes diversos para a atuação do professor. [...] lidar com condicionantes e situações é formador: somente isso permite ao docente desenvolver o "habitus" (isto é, certas disposições adquiridas na e pela prática real), que lhe permitirão justamente enfrentar os condicionantes e imponderáveis da profissão.[53]

Ainda considero que o estímulo à reflexão crítica, por sua vez, não se fará presente nas alunas por si só. Nesse caso, é tarefa precípua do formador instigar esse olhar crítico e reflexivo nas futuras professoras. Segundo Pérez Gómez,

---

53 Tardif, *Saberes docentes e formação profissional*, p.49.

a reflexão não é apenas um processo psicológico individual, passível de ser estudado a partir de esquemas formais, independentes do conteúdo, do contexto e das interações. A reflexão implica a imersão consciente do homem no mundo da sua experiência, um mundo carregado de conotações, valores, intercâmbios simbólicos, correspondências afetivas, interesses sociais e cenários políticos.[54]

O formador E revela sua concepção de criança através das críticas que faz a algumas tentativas, de alguns autores da área, de descaracterizar as instituições de atendimento infantil como "escolas", no intuito de defini-las como sendo diferentes da escola de Ensino Fundamental. Segundo ele, não se resolve o problema apenas por não chamar as instituições infantis de "escola", mas que isso tem mais a ver com o tipo de trabalho que é desenvolvido com as crianças e que revela tais concepções, como expressa em sua fala a seguir:

> Por que não chamar de escola? É só saber que não é uma escola de Ensino Fundamental, é de educação dos pequenos e é diferente o que se faz. [...] a escola tem que atender aos seus objetivos e aí não cabe, na escola de Educação Infantil, colocar essas crianças sob um ritmo de atividades que se assemelha a exercícios de uma escola de Ensino Fundamental, senão a gente também deixa de lado até o problema da criança lá na escola de Ensino Fundamental: Ah! Nós não somos escola, tem que ser diferente, então, na escola do Ensino Fundamental é pra criança ficar presa quatro horas dentro da sala, na cadeira, numa disciplina rígida, é isso? Não. Na escola de Ensino Fundamental também é legal pensar numa maneira dessa criança lidar com o conhecimento que seja bom pra ela.

Na visão desse formador, a transição da criança da Educação Infantil para o Ensino Fundamental se dá de forma muito brusca, ou seja, *de repente era uma coisa e passou a ser outra*. Percebe-se

---

54 Pérez Gómez, O pensamento prático do professor. In: Nóvoa (org.), *Os professores e sua formação*, p.103.

que sua concepção de criança é de uma cidadã com direitos a ter uma escola que reconheça as especificidades da sua idade e esteja preparada para contribuir com o seu desenvolvimento, nos vários aspectos, de forma adequada.

Os formadores D e E consideram a importância da intervenção do professor na organização das atividades, reconhecendo-o como mediador dessa relação, assim como as especificidades da Educação Infantil em relação aos outros níveis de ensino, mas sem descaracterizar a instituição de atendimento infantil enquanto "escola".

As concepções de criança e Educação Infantil dos formadores D e E pautam-se numa tendência crítica de Educação Infantil e estão de acordo com as ideias colocadas pela literatura da área como adequadas à formação de professores para atuar na Educação Infantil. Por outro lado, as dos formadores A, B e C assemelham-se a uma visão romântica quando enfatizam os interesses infantis como centrais na organização do trabalho pedagógico, secundarizando o papel direcionador e intencional do professor, como ressalta o formador A ao se referir ao papel do professor dizendo que este "não é aquele que fala o tempo inteiro, mas é aquele que organiza os bastidores e vai, a partir das coisas que as crianças lhe indicam, seus interesses, seus desejos, ele vai organizando aquele material".

Os formadores A, B e C concordam que oferecer às alunas possibilidades de (re)construção de suas concepções de infância e Educação Infantil, tornando-as mais adequadas ao contexto atual, de problematização dessa realidade a partir da aproximação do contexto no qual irão atuar através de um novo modelo de Estágio Supervisionado, auxilia na construção de um olhar crítico e reflexivo sobre sua prática pedagógica e, portanto, contribui para que as futuras professoras percebam as especificidades do trabalho com crianças de até 6 anos de idade e desenvolvam práticas que integrem cuidado e educação. Porém a compreensão desse momento de Estágio Supervisionado para esses formadores nos parece se constituir muito mais um espaço de "treinar o olhar" para conhecer as crianças do que propriamente espaço de exercício de reflexão crítica e articulação teórico-prática entre os conhecimentos trabalhados no curso de formação e o trabalho pedagógico desenvolvido com as crianças na instituição. Não nos parece estar clara a intencionalidade educativa do professor nesse tipo de estratégia formativa.

O formador E também aponta como sério o problema da desarticulação teórico-prática na formação docente em geral, mas considera que o problema da dicotomia cuidar-educar está relacionado ao não reconhecimento social desses professores, ou seja, ao status social que, mesmo sendo de um "professor de Educação Infantil", estes possam alcançar o que os leva a buscar semelhanças com as práticas pedagógicas do Ensino Fundamental, as quais, segundo esse formador, também precisam ser repensadas. O formador A, embora reconheça, em sua fala, essa necessidade de reconhecimento social da profissão de professor de Educação Infantil, não a aponta como questão primeira na superação do binômio cuidar-educar.

Na visão dos formadores A, B e C, mudanças no nível da reestruturação curricular dos cursos de formação, a partir da inclusão e/ou retirada de algumas disciplinas e ampliando-se o tempo destinado a essa formação, constituem-se, também, estratégias de enfrentamento do problema da separação cuidar-educar.

Sobre isso ressaltamos que muitas mudanças nesse nível vêm sendo feitas na área ao longo desses dez anos, e ainda nos encontramos presos ao referido problema, o que nos permite considerar que tais propostas são válidas e têm ampliado o universo formativo desses professores, mas são paliativas no que se refere à superação da separação cuidar-educar, pois dependem das concepções dos formadores sobre o problema.

Tais propostas de reestruturação na formação de professores de Educação Infantil feitas pelos formadores A, B e C propõem também que não se forme o "professor" que vai "ensinar" conteúdos escolares às crianças com até 5 anos de idade e que, na Educação Infantil, não deve haver agrupamento das crianças por idade, como ocorre na estrutura da escola fundamental, considerando que essa estrutura organizacional é que reforça a visão dos professores de que é preciso "cuidar" das crianças menores (até 3 anos) e "educar" as maiores (4 a 5 anos) nos moldes do Ensino Fundamental.

Sobre isso, há estudos na área da psicologia do desenvolvimento que abordam as contribuições desse tipo de agrupamento em idades diferentes para o desenvolvimento infantil, mas tomar como referência a reorganização dos grupos infantis por idade como solução para a separação cuidar-educar não é limitado? É certo que a interação das crianças com diferentes idades é rica para o seu desenvolvimento, mas e quanto à estrutura organizacional da instituição? Misturar as idades para romper com a forma escolar de organizar o tempo resolve a separação cuidar *versus* educar na cabeça dos professores? Isso não estaria também descaracterizando as instituições de atendimento infantil enquanto escola?

Percebemos, nas propostas desses formadores, a negação da função social da escola que, historicamente, foi construída pela sociedade. Concordamos com esses formadores quanto ao fato de que é inadequado transpor, para a Educação Infantil, a estrutura didático-pedagógica do Ensino Fundamental, uma vez que pesquisas nas áreas da Educação, Psicologia, Sociologia e História têm evidenciado as características e especificidades do processo de desenvolvimento e aprendizagem de crianças menores de 6 anos de idade, o que torna cada vez mais evidente que é inadequada tal transposição. Mesmo assim, não acreditamos que descaracterizar o espaço da Educação Infantil enquanto "escola" e o professor como "professor" que não "ensina" traga para o contexto da formação e das práticas dos professores a especificidade que, hoje, se reconhece na Educação Infantil.

Nessa mesma linha de pensamento, os formadores D e E também consideram que a solução para essa dicotomia não está em descaracterizar as instituições de atendimento infantil enquanto "não escolares" ou o professor como "educador". Segundo eles, isso não resolve o problema. Particularmente para o formador E, mesmo atendendo crianças pequenas, a escola tem sua função social que é a de trabalhar conhecimentos, a diferença está em se fazer isso de forma adequada às crianças da Educação Infantil, a qual não é "copiando" o modelo do Ensino Fundamental, pois

EDUCAÇÃO INFANTIL E FORMAÇÃO DE PROFESSORES **133**

mesmo neste nível também há necessidade de se repensar as formas de trabalhar os conhecimentos com essas crianças.

Percebemos que os formadores se dividem ao apontar as saídas para a superação do binômio cuidar-educar. Enquanto os formadores D e E consideram que a solução para tal problema encontra-se no reconhecimento social desses professores, os formadores A, B e C consideram que a saída para superar a dicotomia cuidar *versus* educar se concretizaria através da construção de uma *Pedagogia para a Educação Infantil*.

Segundo esses formadores, a construção dessa *Pedagogia* garante a definição das especificidades da Educação Infantil, que não é "ensinar" conteúdos, nem formar o "professor", mas é, na visão do formador B,

> trabalhar essas múltiplas linguagens, então, aprender a treinar o olhar pra enxergar as crianças para além das práticas dos adultos. Esse movimento de sair de uma visão escolar do trabalho pra ir pra uma visão de Educação Infantil a gente está fazendo assim: vamos parar de olhar pras práticas dos professores e vamos olhar o que é que as crianças fazem diante daquelas propostas que os adultos lhes fazem.

Essa *Pedagogia da Educação Infantil* encontra seus fundamentos na abordagem da *Reggio Emilia*,[55] a qual reflete a experiência dos italianos com a Pedagogia da Educação Infantil, desenvolvida pelo pedagogo italiano Loris Malaguzzi após a Segunda Guerra Mundial. Rocha,[56] ao apontar as possibilidades de uma *Pedagogia*

---

55 Abordagem para o trabalho na Educação Infantil construída na Emília-Romanha, região situada ao norte da Itália. "O que se tem chamado de abordagem Reggio Emilia nos meios acadêmicos de hoje se constitui num conjunto de princípios filosóficos, pedagógicos, métodos de organização escolar e desenhos de ambientes." Arce, Pedagogia da infância ou fetichismo da infância? In: Duarte (org.), *Crítica ao fetichismo da individualidade*, p.147.

56 Rocha, *A pesquisa em Educação Infantil no Brasil – Trajetória recente e perspectiva de consolidação de uma Pedagogia da Educação Infantil*, p.61.

134 HELOISA HELENA OLIVEIRA DE AZEVEDO

da Educação Infantil, parte da relação entre objeto da didática e o objeto da Educação Infantil para situar esta *Pedagogia* em relação à escola.

Segundo a autora, "a creche e a pré-escola diferenciam-se essencialmente da escola quanto às funções que assumem num contexto ocidental contemporâneo",[57] as quais se referem à organização do sistema educacional e à legislação própria, ou seja, "enquanto a escola se coloca como espaço privilegiado para o domínio dos conhecimentos básicos, às instituições de Educação Infantil se põe, sobretudo, com fins de complementaridade à educação da família".[58] Nessa perspectiva, a autora estabelece que as instituições de Educação Infantil se diferenciam da escola pela função que assumem no contexto social, como expressa a seguir:

> Portanto, enquanto a escola tem como sujeito o *aluno*, e como objeto fundamental o *ensino* nas diferentes áreas, através da *aula*; a creche e a pré-escola têm como objeto as *relações educativas* travadas num *espaço de convívio coletivo* que tem como sujeito a *criança* de até 6 anos de idade (ou até o momento em que entra na escola). (grifos do original)[59]

Arce, em suas críticas à referida *Pedagogia da Educação Infantil*, chama-a de "pedagogia antiescolar",[60] devido à sua oposição à educação escolar. Segundo essa autora, tal *Pedagogia* pauta-se em ideias de "autores[61] que atualmente têm sido agrupados para

---

57 Ibid.
58 Ibid.
59 Rocha, op. cit., p.62.
60 Arce, op. cit., p.154.
61 Segundo a autora, as influências filosóficas e educacionais das mencionadas escolas italianas dividem-se em duas fases complementares: a) a primeira localizada nos anos de 1960, quando os principais teóricos estudados foram: Dewey, Wallon, Claparède, Montessori, Decroly, Makarenco, Vygotsky, Erikson, Bronfenbrenner, Bovet e Ferrière, Freinet e Piaget; b) a segunda localizada entre os anos de 1970 e 1980, com as influências de: Gardner, Moscovici, Von Foerster, Maturana e Bruner (Ibid., p.148).

EDUCAÇÃO INFANTIL E FORMAÇÃO DE PROFESSORES 135

definir um movimento que possui filiações no escolanovismo, mas autodenomina-se construtivismo". Na sequência de suas críticas a autora aborda, de acordo com sua visão, outros aspectos da *Pedagogia da Educação Infantil*, que revelam a descaracterização da escola.

Por fim, a referida autora ressalta as diferenças fundamentais entre a sua abordagem – que também defende "a necessidade da interação entre a criança e os outros seres humanos como importante componente do processo educativo" – e aquela defendida pela *Pedagogia da Educação Infantil*, as quais se referem, a primeira, ao valor que ela atribui "à transmissão de experiência e de conhecimento", a segunda, ao "valor que tem o adulto e principalmente o professor nesse processo", e a terceira

> é a própria ideia de interação, que na pedagogia da infância se reduz a uma interação entre pares e, quando muito, a uma interação com o ambiente imediato da criança, enquanto defendo a necessidade de a escola levar a criança a interagir com a cultura universal do gênero humano, cultura essa que vem sendo construída ao longo do processo histórico.[62]

A partir dessa divergência de ideias nos surgem as seguintes questões: será que o "ensinar" só pode ser visto a partir da visão tradicional, de transmissão pura e simples de conteúdos? Os pressupostos colocados para a construção de uma *Pedagogia para a Educação Infantil* não estariam descaracterizando, totalmente, a escola enquanto instituição que, historicamente, se constituiu com a função social de transmitir o conhecimento construído pela humanidade? Quem é o professor de Educação Infantil nesse contexto se ele não puder ser socialmente reconhecido como professor? Essa "aversão" ao modelo da escola fundamental não é também um (des)serviço à formação de professores para este nível de ensino?

---

62 Arce, op. cit., p.163.

Ao levantar tais questões não estou propondo um retorno ao que Paulo Freire chamou de "educação bancária", na qual predomina e a transmissão-recepção de conhecimentos dos professores aos alunos, nem tampouco que a formação dos professores assuma o modelo da *racionalidade técnica*. Consideramos, também, que definir especificidades para a Educação Infantil não significa promover um "divórcio" entre professores da Educação Infantil e do Ensino Fundamental, os quais, hoje, fazem parte da mesma categoria profissional. A nosso ver, dizer que na instituição de Educação Infantil não se pode trabalhar conteúdos com as crianças porque elas não são "alunos" significa não reconhecer que não se ensina apenas aqueles conteúdos considerados "escolares" e que as crianças são capazes e que têm direito ao acesso aos conhecimentos de forma sistematizada, obviamente, respeitando-se o seu momento de desenvolvimento.

Concordo com Arce que "a defesa da pedagogia da Educação Infantil [...] não significa simplesmente uma defesa das especificidades desse campo educacional, mas sim a defesa de uma 'pedagogia antiescolar', a qual se apoia no fetichismo da infância".[63] A autora ressalta, ainda, que "trata-se de ir às raízes do problema e assumir um posicionamento firme em defesa da educação escolar e da transmissão de conhecimentos como produto da atividade deliberada de ensino por parte do professor".

Pelas análises até aqui construídas, constatamos que o problema da separação cuidar-educar na Educação Infantil de nosso país configura-se muito mais como uma questão de construção da valorização social de seus professores, os quais têm na formação, enquanto campo de construção da sua profissionalidade, a importante contribuição dos formadores enquanto mediadores, por excelência, dessa construção.

Na tentativa de "desvendar" o problema da separação cuidar-educar e ampliar nossas análises sobre o referido problema, procuramos conhecer a experiência de formação de professores de Educação Infantil em outro país, a qual apresentamos no capítulo seguinte.

---

63 Ibid., p.166.

4
O CUIDAR-EDUCAR NA VISÃO DE FORMADORES DE EDUCADORES DE INFÂNCIA PORTUGUESES

Neste capítulo apresentamos a educação de infância no quadro da política educacional portuguesa, no intuito de contextualizar a formação na Licenciatura em Educação de Infância e as entrevistas feitas com três formadores da Universidade de Aveiro (UA).[1] Em seguida, discutimos o que pensam esses formadores sobre a formação dos educadores de infância e o problema da separação cuidar-educar. Nesse contexto, abordamos também alguns aspectos observados em visitas feitas a três instituições de atendimento infantil na cidade de Aveiro.

É importante ressaltar que não expomos a experiência portuguesa visando a qualquer análise comparativa com a realidade brasileira, mas sim no intuito de tomá-la como objeto de análise e reflexão que possa "inspirar" nossas iniciativas de melhoria da formação de professores de Educação Infantil e a superação do problema da separação entre cuidado e educação.

---

1 Dados coletados por ocasião de Estágio de Doutorado realizado por quatro meses (maio a agosto de 2004), no Curso de Licenciatura em Educação de Infância da UA sob a orientação da Profa. Dra. Gabriela Portugal.

Educação de infância em Portugal: a política educativa nacional

A educação pré-escolar, em Portugal, inclui-se nas preocupações do governo no que se refere ao desenvolvimento do país e à qualidade de vida de sua população. É legalmente reconhecida como a primeira etapa da educação básica, visando assegurar a democratização de oportunidades e o apoio ao desenvolvimento harmonioso das crianças. Para isso, pauta-se na exigência tanto dos modos de organização como nas práticas educativas.

Assim, o governo assumiu o compromisso de, progressivamente, generalizar a oferta de educação pré-escolar, definindo padrões de qualidade educativa, através do desenvolvimento de linhas de orientação curricular, assegurando a tutela pedagógica do Ministério da Educação sobre os estabelecimentos que integram a rede nacional de educação pré-escolar, independentemente da respectiva titularidade e promovendo o alargamento, até o ano letivo 2000/2001, da rede nacional de educação pré-escolar – pública, privada e privada solidária – até a plena cobertura do território e da população 3-5 anos, combinando as dimensões educativa e social deste nível de educação.[2]

Conforme informações coletadas em documento da Unidade Portuguesa de Eurydice,

A formação inicial de educadores de infância, até os anos de 1997/98, realizava-se nos Institutos Superiores Politécnicos (Escolas Superiores de Educação), onde adquiriam o grau de bacharel após três anos de estudo. Em 1997 é estabelecido o regime jurídico

---

2 Trecho do Preâmbulo escrito por Ana Benavente, secretária de Estado da Educação e Inovação, no documento "Qualidade e Projecto na Educação Pré-Escolar", editado pelo Ministério da Educação – Departamento da Educação Básica e Gabinete para a Expansão e Desenvolvimento da Educação Pré-Escolar, Lisboa, 1998, p.17.

EDUCAÇÃO INFANTIL E FORMAÇÃO DE PROFESSORES **139**

da formação especializada para professores, incluindo os educadores de infância. A portaria nº 413-A/1998 de 17 de julho estabeleceu a obrigatoriedade da detenção do grau de "licenciado" por parte dos educadores e professores (cinco anos de estudos superiores). A formação desses professores deve incluir a componente de formação social, pessoal, cultural, científica, tecnológica ou artística ajustada; a componente de ciências da educação; a componente de prática pedagógica.[3]

Nessa direção, foi publicado, em 1997, um conjunto legislativo sobre a educação pré-escolar que traduzia os dois grandes objetivos do governo: i) garantir maior visibilidade nacional para a importância da educação pré-escolar; e ii) criar as condições para que 90% das crianças com 5 anos frequentem as instituições de educação pré-escolar. Inclui-se aí a preocupação com a formação dos educadores, considerada um fator essencial de qualidade da educação pré-escolar. O referido conjunto legislativo compõe-se das seguintes leis:

- Lei 5/97, de 10 de fevereiro (Lei-Quadro da Educação Pré-Escolar): integra a educação pré-escolar ao sistema educativo e *reconhece implicitamente a importância do desenvolvimento intencionalizado das potencialidades das crianças.* Assenta no princípio geral de que a educação pré-escolar é a primeira etapa da educação básica no processo de educação ao longo da vida, sendo complementar da ação educativa da família, com a qual deve estabelecer estreita relação, favorecendo a formação e o desenvolvimento equilibrado da criança tendo em vista sua plena inserção na sociedade como ser autônomo, livre e solidário. (grifo nosso)

- Lei 115/97, de 19 de setembro (Lei de Bases do Sistema Educativo): os educadores de infância (e os professores dos ensinos básico e secundário) adquirem a qualificação de professor em

---

3 Rede de Informação sobre a Educação na Europa.

cursos superiores que conferem o grau de licenciatura, organizados de acordo com as necessidades de formação de professor no respectivo nível de educação e ensino. *Reconhece-se o grau de responsabilidade e de exigência da atividade do educador de infância nomeadamente, considerando a idade de grande dependência da criança, as condições de trabalho que apontam para a globalização de atividades e responsabilidade total pela condução do processo educativo.* (grifo nosso)

No que se refere à organização curricular, a educação pré-escolar portuguesa recebe, em setembro de 1997, o documento Orientações Curriculares para a Educação Pré-Escolar, aprovadas pelo Despacho 5.220/97. Tal documento reflete o

culminar de um processo que envolveu professores, formadores, investigadores e técnicos da administração central e local, associações de professores e sindicais, representantes dos pais etc., na construção de um documento que fosse espelho daquilo que hoje sabemos que a educação pré-escolar deve proporcionar às crianças, isto é, reflexão daquilo que a sociedade, no seu todo, pede à educação pré-escolar.[4]

O referido documento apresenta-se em um volume estruturado em dois grandes capítulos: "I – Princípios Gerais" e "II – Intervenção Educativa". Como não é possível, no espaço deste trabalho, uma análise mais detalhada do referido documento, relaciono a seguir alguns aspectos considerados, por mim, mais relevantes para as discussões em questão.

Tais orientações curriculares apresentam-se aos educadores como uma referência à organização da componente educativa, que lhes permita, também, situar suas próprias opções e encontrar as

---

4 Trecho da apresentação do referido documento escrito por Teresa Vasconcelos, Diretora do Departamento da Educação Básica e Coordenadora do Gabinete para a Expansão e Desenvolvimento da Educação Pré-Escolar (Gedepe).

EDUCAÇÃO INFANTIL E FORMAÇÃO DE PROFESSORES   141

práticas mais adequadas ao contexto e ao grupo de crianças com o qual trabalham. Conforme expressa o texto introdutório: "Não são um programa, pois adotam uma perspectiva mais centrada em indicações para o educador do que na previsão de aprendizagens a realizar pelas crianças".

Considerando os diferentes níveis do processo educativo, a organização do ambiente educativo pauta-se em uma "abordagem sistêmica e ecológica" da educação pré-escolar, assentada no pressuposto de que

> o desenvolvimento humano constitui um processo dinâmico de reação com o meio, em que o indivíduo é influenciado, mas também influencia o meio em que vive. Para compreender a complexidade do meio, importa considerá-lo como construído por diferentes sistemas que desempenham funções específicas e que, estando em interconexão, se apresentam como dinâmicos e em evolução.[5]

Ao se reportar à organização dos ambientes de educação pré-escolar, o documento considera sua diversidade, mas ressalta a importância da maneira como são dispostos os equipamentos e os diversos materiais existentes, levando em conta que isso condiciona, em grande medida, o que as crianças podem fazer e aprender. Considera também que a organização e utilização do espaço "são expressão das intenções educativas e da dinâmica do grupo, sendo indispensável que o educador se interrogue sobre a função e finalidades educativas dos materiais de modo a planear e fundamentar as razões dessa organização".

As áreas a se trabalhar são definidas no documento como "formas de pensar e organizar a intervenção do educador e as experiências proporcionadas às crianças". Por sua vez, as "áreas de conteúdo" são consideradas "como âmbitos de saber, com uma estrutura própria e com pertinência sociocultural, que incluem

---

5 Portugal, Orientações Curriculares para a Educação Pré-Escolar.

142 HELOISA HELENA OLIVEIRA DE AZEVEDO

diferentes tipos de aprendizagem, não apenas conhecimentos, mas também atitudes e saber-fazer". Essas áreas de conteúdo constituem-se na realização de atividades, nas quais a criança "aprende a partir do mundo que a rodeia". Nesse sentido, são mais que atividades, pois se considera que nessas ações ela descobre "relações consigo própria, com os outros e com os objetos, o que significa pensar e compreender", ou seja, a criança é encarada como sujeito da aprendizagem, levando em conta seus conhecimentos prévios e a sua cultura

> para lhe permitir aceder a uma cultura que se pode designar por "escolar", pois corresponde a sistemas simbólico-culturais codificados. Essa cultura, ao adquirir sentido para a criança, constituirá o início da aprendizagem ao longo da vida, favorecendo simultaneamente a sua formação com vistas a uma plena inserção na sociedade como ser autônomo, livre e solidário.[6]

O documento preocupa-se também em abordar a transição das crianças da pré-escola para o 1º ciclo do ensino básico (escolaridade obrigatória), reconhecendo a diferença deste último tanto quanto ao número de anos de frequência, quanto às situações e ambientes vivenciados. E sempre indica uma necessidade de adaptação da criança ao "novo" meio social, no qual lhe são feitas "novas" exigências. Essas dificuldades de transição enfrentadas pelas crianças, de acordo com o documento,

> decorrem do desconhecimento mútuo, que caracteriza cada uma das etapas do sistema educativo, bem como dos fatores que facilitam a continuidade deles.

A relação entre educadores e professores, a compreensão do que se realiza na educação pré-escolar e no 1º ciclo e também a análise e debate em comum das propostas curriculares para cada um dos ciclos são facilitadoras da transição. Ao lerem o programa

---

6 Portugal, *Observação e planejamento de actividades no jardim de infância.*

EDUCAÇÃO INFANTIL E FORMAÇÃO DE PROFESSORES

do 1º ciclo os educadores [da pré-escola] poderão compreender que não há grande diferença entre os princípios e orientações gerais que aí são apresentados e os que podem encontrar nas orientações curriculares. Também os professores [do 1º ciclo] poderão encontrar, nestas, referências que lhes facilitem a compreensão dos objetivos e práticas da educação pré-escolar. (grifo nosso)[7]

Por fim, o documento ressalta que é importante que a educação pré-escolar garanta condições de aprendizagens futuras com sucesso, mas que não se centre na preparação para a escolaridade obrigatória (a partir do 1º ciclo). Antes, porém, deve garantir "às crianças um contato com a cultura e os instrumentos que lhes vão ser úteis para continuar o aprender ao longo da vida". Nesse contexto, a intencionalidade do educador apresenta-se como o suporte desse processo, exigindo que este

reflita sobre a sua ação e a forma como a adapta às necessidades das crianças e, ainda, sobre os valores e intenções que lhe são subjacentes [...]. Esse processo refletido define a intencionalidade educativa que caracteriza a atividade profissional do educador.[8]

Vale ressaltar, ainda, que na educação pré-escolar portuguesa existe uma tradição de acolhimento e trabalho com os pais das crianças, revelando consciência da importância da participação/cooperação da família em tal processo educativo, ressaltada em vários artigos da Lei de Bases do sistema educativo:

A educação pré-escolar, no seu aspecto formativo, é complementar e/ou supletiva da ação educativa da família, com a qual estabelece estreita cooperação (art. 4º ponto 2); Fomentar a integração em grupos sociais diversos, complementares da família, tendo em vista o desenvolvimento da sociedade (art. 5º, e);

---

7 Ibid.
8 Ibid.

144 HELOISA HELENA OLIVEIRA DE AZEVEDO

A prossecução dos objetivos enunciados far-se-á de acordo com os conteúdos, métodos e técnicas apropriadas, tendo em conta a articulação com o meio familiar [...] (art 5º ponto 2); A frequência da educação pré-escolar é facultativa, no reconhecimento de que à família cabe um papel essencial no processo educativo da educação pré-escolar (art. 5º ponto 8).

A formação de educadores de infância na Universidade de Aveiro

A Licenciatura em Educação de Infância[9]

Os candidatos ao ingresso no curso de Licenciatura em Educação de Infância da Universidade de Aveiro são submetidos, inicialmente, a uma prova de acesso, visando à constituição de grupos heterogêneos, com formação em base diferenciadas e, até por isso mesmo, enriquecedoras do processo partilhado da formação. Atentos a essa heterogeneidade, os docentes concebem os programas das respectivas disciplinas de modo a respeitar essa diversidade e, se necessário, para suprir essas lacunas. Dessa forma, poderão se candidatar à seleção para ingresso no referido curso aqueles que corresponderem às seguintes exigências:

- ter aprovação num curso de ensino secundário;
- ter realizado as provas de ingresso de Literatura Portuguesa ou Português e qualquer outra prova à escolha do candidato;
- ter obtido o mínimo de 95 pontos nas provas de ingresso (escala 0 a 200).

O curso de Licenciatura em Educação de Infância tem a duração de quatro anos e visa formar professores para atuar com

---

9 As informações doravante fornecidas sobre esse curso foram sistematizadas a partir do Dossiê da Licenciatura em Educação de Infância da Universidade de Aveiro – Departamento de Ciências da Educação – Processo de Candidatura a Acreditação pelo Inafop – 2001/2002.

EDUCAÇÃO INFANTIL E FORMAÇÃO DE PROFESSORES 145

crianças de até 6 anos em diferentes contextos. Os educadores de infância são requisitados por diferentes entidades empregadoras de alguma forma intervenientes na educação de crianças, mas que nem sempre se enquadram na definição de instituição de educação pré-escolar. Isso implica pensar em formar professores para compreender as instituições de educação pré-escolar como uma realidade multifacetada, multicultural, não homogênea e singular, assim como prepará-los para aceitar desafios do trabalho em educação de infância em contextos variados. Sendo assim, os educadores de infância formados nesse curso podem atuar nos seguintes contextos: bibliotecas; hospitais pediátricos; amas legalizadas; ATLs (atividades de tempo livre); ludotecas; comunidades e famílias; jardins de infância e equipes de intervenção precoce.

A abordagem pedagógica que fundamenta a formação dos educadores de infância na UA é a "educação experiencial, a qual pauta-se nos processos vivenciados ou experienciados pela criança no decurso do programa educativo, em termos de bem-estar emocional e implicação, tal como é proposto no âmbito do modelo da Educação Experiencial".[10] Com base nesse referencial procura-se desenvolver nos futuros educadores três dimensões especiais: a estimulação, a sensibilidade e a autonomia.

O projeto Edex (Educação Experiencial), dinamizado pelo professor Ferre Laevers, surge em 1976, no âmbito do Research Center for Early Childhood and Primary Education da Katholieke Universiteit of Leuven, na Bélgica. Tal projeto é resultado de uma análise crítica do ensino pré-escolar belga, no início dos anos 1970. A Edex atribui atenção especial

> aos fenômenos de mal-estar e alienação pessoal, assumindo a educação como um motor de libertação e emancipação. Na operacionalização dessa preocupação, a abordagem humanista de Rogers (centrada no cliente) e de Gendlin (experiencial), articulada com

---

10 Laevers, 1997 apud Portugal, *Observação e planejamento de actividades no jardim de infância.*

146 HELOISA HELENA OLIVEIRA DE AZEVEDO

alguns conceitos psicanalíticos (particularmente os desenvolvidos no âmbito da terapia do jogo), teve um importante impacto. O modelo experiencial está também profundamente imbuído de leituras construtivistas, integrando Piaget, Vygotsky e outros autores, bem como as dinâmicas das interações e organizações humanas (tais como as contribuições ecológicas e sistêmicas).[11]

O projeto Edex, segundo a referida autora, "visa ao reforço da qualidade em educação pré-escolar, sustentando todas as iniciativas pedagógicas em duas noções-chave: implicação e bem-estar emocional". A postura do educar, nessa abordagem, é a de escuta das necessidades e dos interesses das crianças, considerando o sentir emocional, o que as desperta e mobiliza curiosidade intelectual delas, constituindo-se no ponto de referência para a tomada de decisão do educador, o qual, a partir da compreensão do que se passa com as crianças,

pensa o enriquecimento do meio, organiza-o de diferentes maneiras, com vista a criar ou manter a implicação. Nesse ambiente estimulante, permite às crianças escolher e tomar várias iniciativas, encoraja a expressão e comunicação e pratica o diálogo experiencial (escuta ativa a partir da qual as verdadeiras necessidades da criança são percebidas e a criança se sente escutada e aceite).[12]

O modelo teórico que orienta a formação de educadores de infância entende a construção do conhecimento pedagógico como um processo pessoal, social e historicamente situado, que ocorre pela integração de conhecimentos teóricos e práticos do domínio educativo. Um processo que se realiza de maneira contínua e infinita por meio de atitudes investigativas e a partir do qual

---

11 Portugal, *Observação e planejamento de actividades no jardim de infância*, p.21.
12 Ibid., p.28.

mecanismos de reflexão sobre e a partir da prática possibilitam a emergência da consciência, essencial a uma prática fundamentada. Com base na concepção de formação acima expressa, o curso de Licenciatura em Educação de Infância da UA pauta-se pelos seguintes princípios:

- Promover o desenvolvimento e o bem-estar da criança é uma tarefa complexa e exigente, que não se coaduna com uma atitude informal e intuitiva, importando aprofundar e enriquecer a formação dos educadores por meio do recurso a materiais e conhecimentos pertinentes, que lhes permitam vir a trabalhar de forma qualitativa desejável.
- Adultos sintonizados e atentos às necessidades das crianças, que sabem o que fazem e por que o fazem são um fator essencial ao bem-estar e desenvolvimento da criança, indicando as investigações que é a natureza e qualidade das interações que distingue os programas de elevada qualidade.
- As crianças que experienciam contextos escolares de elevada qualidade desenvolvem sentimentos mais elevados de autoestima, aspirações mais elevadas, sentimento de segurança e de autoeficácia, curiosidade, autocontrole, competências relacionais e comunicacionais etc. Reúnem, enfim, um conjunto de competências indispensáveis ao desenvolvimento do "apetite" para aprender e conhecer o sucesso nas experiências escolares subsequentes.
- É nesse sentido que investir na educação pré-escolar, com uma exigência de qualidade, significa não só contribuir com o desenvolvimento pessoal e social da criança, mas também apostar no desenvolvimento socioeconômico do país.

Tais princípios fundamentam-se em uma concepção de aprendizagem e desenvolvimento infantil, que tem como pressuposto que qualquer professor de educação de infância reconhece que o desenvolvimento e a aprendizagem, sobretudo nos primeiros anos, acontece de forma holística, globalizante. As crianças não aprendem de modo estanque, compartimentado. Não aprendem conteúdos programáticos propriamente ditos, mas desenvolvem competências e atitudes, bem como adquirem conhecimentos que não se circunscrevem a conteúdos curriculares delimitados.

De acordo com a concepção de educação de infância que orienta o desenvolvimento desse curso, importa reconhecer o que é educativo nesse período de vida das crianças, pois educação e cuidados são aspectos interligados em todas as dimensões do seu desenvolvimento, em todas as áreas de aprendizagem e experiência da criança e em todos os aspectos da sua atividade. Entende-se que existe uma ligação íntima entre desenvolvimento afetivo e intelectual. Amor e segurança não bastam para ativar o potencial de desenvolvimento da criança. Importa, assim, criar ambientes desafiantes e estimulantes, que promovam novas experiências às crianças em contextos significativos, oportunidades para aprendizagens ativas e resolução de problemas.

Em atenção aos objetivos inicialmente estabelecidos para formação de educadores de infância, procura-se desenvolver atitudes, conhecimentos e competências nos futuros professores em vários domínios.

- No âmbito do desenvolvimento humano/criança, são fundamentais conhecimentos acerca de um corpo de teorias do desenvolvimento humano e da criança em particular, bem como o estabelecimento da relação entre a teoria e a prática;
- A consciência da infância enquanto construto social é fundamental;
- O trabalho em equipe também requer conhecimentos sobre estratégias de trabalho e gestão;
- A criança e a família são elementos cruciais. Isso pressupõe competências específicas no modo como se trabalha com as famílias e outros elementos importantes na vida das crianças;
- Se a educação não se processa num vazio político e legislativo é mais que desejável que um educador conheça as políticas educativas do governo, a filosofia subjacente e o seu impacto nos contextos de infância;

EDUCAÇÃO INFANTIL E FORMAÇÃO DE PROFESSORES **149**

- Um campo particularmente importante é o da investigação em educação de infância. O educador deverá estar a par dos conhecimentos e teorias mais recentes produzidos no âmbito da investigação sobre desenvolvimento e aprendizagem da criança e compreender as suas aplicações práticas;
- Embora em educação de infância se coloque a tônica na abordagem educativa, não deixa de ser indispensável que o educador disponha de conhecimentos relativos à higiene, nutrição, doenças e saúde mental na infância e o seu papel enquanto promotor de bem-estar;
- A existência de crianças com necessidades educativas especiais implica a capacidade para a diferenciação numa perspectiva de escola inclusiva e, sobretudo, as que possuem NEEs (necessidades educativas especiais) de baixa incidência (cegueira, surdez ou deficiência motora grave) necessitam de uma atenção particular;
- Devido ao incremento da comunicação universal através de novas tecnologias da informação e da comunicação, em que se torna indispensável dominar bem, não só a própria língua (constituindo um educador como um modelo de utilização adequada da língua), mas, sobretudo, uma língua estrangeira. É impensável que um professor se possa afirmar sem dispor de recursos e competências nessas áreas;
- De um ponto de vista global, o educador no desempenho de sua ação deverá estar a par de um sentido de responsabilidade e autoconfiança, um sentido de "humildade" consubstanciado numa permanente postura de autoanálise, reflexão e crítica.

Segundo Bárbara Thompson e Pamela Calder,

independentemente do nível a que se destina a intervenção do educador/professor, é crucial a aposta na formação de um espírito crítico, que desafie, coloque questões e alargue o pensamento do futuro educador. A formação de educadores deverá, portanto, promover uma atitude de abertura e de questionamento relativamente

150 HELOISA HELENA OLIVEIRA DE AZEVEDO

a diferentes perspectivas e modos de atuar. Em termos educativos, o processo de aprendizagem de adultos futuros educadores tem lugar quando significativas partes do processo já estão integradas. Assim, um programa de formação de adultos não pode ignorar a importância da promoção de competências de autoaprendizagem e de reflexão crítica, com frequência negativamente influenciada pelas experiências escolares prévias.[13]

A estrutura curricular da Licenciatura em Educação de Infância compõe-se pelas seguintes áreas de conteúdo do 1º ao 3º ano do curso: Ciências da Educação, Linguagem e TICs, Saúde, Expressão Motora e Artística, Ciências, Matemática, História, Geografia e a Prática Pedagógica, a qual se desenvolve a partir do 2º ano do curso. O Estágio Supervisionado se realiza ao longo do 4º ano.

Na Prática Pedagógica, entendida como Trabalho de Campo, pretende-se que os futuros educadores aprendam a observar, avaliar, planejar e analisar a adequabilidade de uma intervenção/programas para a infância em diferentes contextos, abrindo caminho para a disciplina de Prática Pedagógica do 4º ano (estágio anual em jardins de infância). Realizam-se seminários conjuntos, ao longo do ano escolar, visando ao aprofundamento de conhecimentos em áreas específicas, frequentemente relacionadas com necessidades identificadas nos contextos de estágio.

O Estágio Anual realizado pelos alunos tem uma carga horária semanal de 20h, sendo 18h na instituição e 2h com docente da UA. O estágio visa ao desenvolvimento de competências investigativas e reflexivas no aluno, entendendo-se o processo reflexivo como estratégia fundamental na construção do conhecimento pedagógico pelo educador.

Visando ao alcance de tais objetivos, os alunos recebem preparação prévia levada a cabo pelos docentes da UA responsáveis pela prática pedagógica. É feito um contato formal institucional e também pessoal com os educadores cooperantes de forma a obter a

---

13 Calder apud Portugal, op. cit., p. 31.

garantia de sua presença nas atividades. Os alunos formandos organizam-se em pares para desenvolver o estágio nas instituições. Ao longo do ano de estágio elaboram um "Diário de Formação", organizado cronologicamente e em capítulos que evidenciam aspectos essenciais do desempenho de um educador, inspirado em pressupostos de investigação qualitativa em educação. Os docentes da UA fazem acompanhamento sistemático dos alunos nas instituições.

Desenvolver uma postura investigativa, uma genuína consciência crítica e refletida sobre a práxis pedagógica é o sentido último da Licenciatura em Educação de Infância da UA, pois se assume que, integrando esses processos, o educador continuará a construir o seu saber ao longo da vida. Daí a importância de promover atitudes de interrogação e de procura de compreensão (pesquisa) em relação ao conhecimento e ao cotidiano do professor.

O que pensam os formadores portugueses sobre o cuidar-educar

Realizamos entrevista com três formadores, docentes do curso de Licenciatura em Educação de Infância da UA, para conhecer o que pensam sobre a criança, a Educação Infantil, a formação do educador de infância no que se refere ao perfil do professor e à relação entre teoria e prática. A principal questão, instigadora das entrevistas, foi saber se, na formação em Educação Infantil portuguesa, os formadores vivenciam o problema da separação entre cuidado e educação e quais estratégias de enfrentamento adotam.

A escolha desses formadores justifica-se pela característica de sua atuação no referido curso, nas disciplinas ligadas à prática pedagógica, e por atuarem há muito tempo no curso, sendo, portanto, os mais indicados para fornecer as informações de que precisávamos. Tais formadores eram mestres e, naquele momento, doutorandos em educação.

Apresentamos a seguir análise das entrevistas com os formadores a qual foi feita com base nas categorias temáticas: concepção de criança, perfil professor e relação teoria e prática, tomadas igual-

152 HELOISA HELENA OLIVEIRA DE AZEVEDO

mente para analisar as entrevistas feitas com os formadores brasileiros. Finalizando este capítulo, discutimos as ideias dos formadores entrevistados sobre o problema da separação cuidar-educar.

Concepção de criança

Na realidade portuguesa a educação da criança de até 6 anos é vista como aspecto de fundamental importância para o desenvolvimento do país. Segundo um dos formadores entrevistados,

a criança tem sido cada vez mais valorizada no chamado mundo desenvolvido, são cada vez mais consideradas importantes. Ela é um projeto a preservar. Eu acho que faz parte de um movimento global tanto no plano da investigação como na sociedade (F1).[14]

Nesse sentido, e com base nas diretrizes estabelecidas pela política educacional portuguesa, a formação das educadoras e a estrutura de atendimento às crianças dessa faixa etária organizam-se de modo a oferecer um atendimento de qualidade às crianças, que evidencie a importância de sua educação, tanto para o seu pleno desenvolvimento como para o desenvolvimento do país.

Percebe-se, tanto no âmbito da formação de educadores de infância quanto no âmbito do atendimento institucional, que a infância, naquele país, é reconhecida como um momento de fundamental importância para a formação integral do indivíduo e que, devido a isso, não se podem desconsiderar esses dois âmbitos que influem diretamente na sua educação.

Tal visão sobre a infância revela-se também através dos motivos dos pais para levarem seus filhos aos jardins de infância, refletindo a importância que atribuem a esses espaços enquanto auxiliares da família na educação. Embora as instituições de atendimento infantil tenham surgido, como no Brasil, com um caráter assistencial,

---

14 Por questões éticas, os formadores portugueses entrevistados serão identificados por F1, F2 e F3.

EDUCAÇÃO INFANTIL E FORMAÇÃO DE PROFESSORES **153**

essa visão foi se transformando ao longo da história do país graças ao trabalho desenvolvido pelos educadores, como revela a fala de um dos formadores entrevistados:

> A procura não passou a ser maior pelo fato das pessoas precisarem deixar seus filhos, mas pelo reconhecimento que as pessoas foram fazendo das vantagens da frequência das crianças num jardim de infância. Mesmo nos lugares onde as famílias são menos informadas e menos escolarizadas, não foi por esse motivo que o jardim de infância foi mais frequentado, foi muito devido ao trabalho dos educadores, dos pais perceberem que as crianças na escola tinham vantagens relativamente às outras, de perceberem a real importância que o jardim de infância poderia ter (F2).

Por outro lado, o mesmo formador relata opinião divergente a respeito da concepção que está sendo veiculada pelo atual governo português, no que se refere à forma de conceber a infância e sua educação, o que está se refletindo nas reformas recentemente implementadas na estrutura do sistema educativo do país.

Percebe-se, assim, a preocupação desse formador quanto à ocorrência de possíveis mudanças no nível de políticas educativas que venham de encontro ao que, até o momento, tem sido construído e levado a cabo como princípios orientadores da formação dos educadores de infância e que não estejam de acordo com as concepções de criança e Educação Infantil acima expressas.

O Formador 3, por sua vez, não revela claramente sua concepção de criança, mas ao admitir que é preciso pensar sobre "quem é a criança e como o educador pode aprender com ela" demonstra reconhecer a importância dessa concepção no processo formativo dos educadores de infância.

Perfil do professor

De acordo com os princípios orientadores da formação de educadores de infância da UA, citados anteriormente neste capítulo, o

154 HELOISA HELENA OLIVEIRA DE AZEVEDO

perfil de professor pretendido pela Licenciatura em Educação de Infância pauta-se numa perspectiva crítica de formação. Segundo um dos formadores, o educador de infância caracteriza-se por ser "um educador reflexivo, alguém que procura sua autonomia nos contextos educativos, que se vê como um professor de cultura e não como um aplicador de técnicas". Para tanto, na sua formação, investe-se na capacidade reflexiva a partir da investigação da própria prática, ou seja, "a busca de forma integrada e coerente de pressupostos teóricos e pressupostos práticos" (F1).

A fala a seguir, de outro formador, complementa a anterior quanto ao perfil de professor que se quer formar:

> o que nós pretendemos é o educador como investigador, o prático investigador, que ele não seja simplesmente um educador que vá reproduzir conteúdos, ou que vá aplicar teorias, mas o que nós pretendemos é que seja um educador reflexivo, que pensa sobre a prática, que pensa sobre os contextos, que se preocupa com a qualidade da educação da infância. Por isso eu digo que o desenvolvimento do educador não é só profissional, é pessoal, porque isso tem muito a ver com a postura do educador, que tem que ser um educador sensível, que esteja atento às necessidades das crianças, que dê respostas, que seja capaz de dar voz à criança e que reflita sobre a sua própria intervenção. Tem que ser um investigador consciente da sua própria prática e daquilo que acontece no jardim de infância. Mas, é um processo complicado, é um processo que não termina quando termina a formação inicial (F2).

Esse formador ressalta, ainda, que tem trabalhado no sentido de formar pessoas que sejam críticas, capazes de se posicionar, de fazer opções para que possam trabalhar no mesmo sentido com as crianças. Segundo ele, "a criança tem que sentir que ela pode fazer as opções, que é respeitada. Portanto, tem que estar sempre preocupado com o desenvolvimento da criança, não importa a idade" (F2).

EDUCAÇÃO INFANTIL E FORMAÇÃO DE PROFESSORES 155

Para outro formador, uma educadora de infância é, também, uma professora do afeto, "mas não é um afeto do 'ficares de beijinhos', não é nada disto, mas é o afeto da compreensão, do tempo para sermos, o direito ao erro e um princípio, que nos une a todos, que é o princípio do inacabamento" (F3).

Foi interessante notar que, mesmo se reportando às ações de atenção, carinho e afeto com as crianças, não há uma concepção romantizada da infância na fala dos formadores, pois em geral, quando se fala nesses aspectos no trato com as crianças é porque estas são vistas como seres ingênuos, frágeis e apenas necessitados de "paparicos". Mesmo nas ações das educadoras das instituições visitadas, foi possível perceber que essas tratam as crianças com atenção, carinho, respeito, estabelecem limites, intervêm nos conflitos, sem adotar postura maternal que confunda seu papel de educadora com o de mãe.

Relação teoria-prática

Com relação a esse aspecto, os três formadores entrevistados foram unânimes em concordar com a indissociabilidade teoria e prática na formação, como revela um deles na fala a seguir:

A teoria e a prática são dimensões inseparáveis, portanto, será por aí a diferença significativa que essa equipe tenta manter bastante acesa no discurso que passamos aos alunos, nas nossas práticas, nos incentivos que lhes fazemos, nas propostas de trabalhos que lhes fazemos. É muito essa dimensão da reflexão e da investigação sobre a sua própria ação (F1).

Embora concordem nesse ponto e busquem a concretização de suas ideias nas ações de formação com os alunos, um dos formadores ressalta como obstáculo à plena articulação teórico-prática nessa formação a própria estrutura universitária, a qual atribui maior importância às disciplinas teóricas, separando os docentes em dois grupos, os dos "teóricos", ligados à carreira acadêmica, e o dos "práticos", que são aqueles convidados para levar a cabo as atividades práticas.

A organização universitária tem características diferentes em relação à própria organização da prática docente, que é muito estruturada no nível da ênfase nas disciplinas teóricas. Portanto, o estágio, de alguma forma, está demasiado separado, em nossa opinião. As experiências práticas são demasiado separadas das componentes teóricas. Isso causa-nos algumas dificuldades, porque a instituição reconhece a necessidade de integrar estas dimensões, toda a gente reconhece, só que se esbarra com problemas organizacionais para resolver isto. O que acontece é que as pessoas que estão ligadas à prática são pessoas que estão aqui não como fazendo parte da carreira académica, mas como pessoas convidadas para o efeito. Nós temos tentado várias estratégias para ultrapassar isto, até porque neste departamento há uma compreensão, por parte dos docentes, de que isto não está bem e, portanto, tem sido dada, de alguma forma, alguma liberdade às pessoas que estão a organizar a questão da relação com a prática de forma a promover iniciativas que venham colmatar esta dificuldade (F1).

Um dos formadores ressalta que tem havido tentativas por parte dos docentes de fazer com que "de alguma forma os professores se comuniquem entre si e percebam o que é que uns pedem, o que é que outros pedem, que relação existe entre uma coisa e outra [...] são iniciativas desse estilo" (F2). Percebemos, assim, que a estrutura organizacional do curso mantém um modelo que dicotomiza teoria e prática.

Portanto, há aqui um problema organizacional para resolver, que não é uma questão de vontade, eu acho que temos consciência de que isso seria importante, é uma questão, de fato, da própria organização do sistema. [...] eu diria que há problemas organizacionais e institucionais que não permitem uma maior interação, como nós gostaríamos que houvesse (F1).

EDUCAÇÃO INFANTIL E FORMAÇÃO DE PROFESSORES **157**

Outro formador analisa esse problema sob a perspectiva dos alunos, ou seja, como ele percebe que essa separação reflete na formação dos alunos:

> Esse primeiro momento é muito complicado pra eles, pois quando eles começam a fazer a relação entre a teoria e a prática e a primeira reação deles no início é "a prática não tem nada a ver com a teoria", porque a teoria fala de uma educação da infância que eles não encontram na prática, porque os contextos não são contextos ideais, nós temos alunos em contextos muito complicados e na prática é muito difícil fazer essa articulação entre a teoria e a prática, que eles acabam fazendo no final do ano. Depois acabam fazendo, mas é um processo que para eles é muito mais do que um processo de crescimento profissional é um processo de crescimento pessoal e é isso que a gente pretende, que ultrapasse a relação entre teoria e prática, tem de ser um crescimento pessoal e é um processo difícil (F2).

Segundo esse formador, embora exista essa desarticulação em termos organizacionais, entre os aspectos teóricos e práticos desta formação ele considera que não significa que no desenvolvimento das disciplinas elas também se deem de maneira desarticulada, pois no programa do curso os conteúdos das disciplinas são articulados e fazem sentido na prática dos alunos,

> o que acontece, muitas vezes, é que a intervenção do professor que é responsável pela disciplina não é articulada, muitas vezes, com a prática. Muitos professores não têm noção do que se passa na prática, eles são teóricos. Eles não conseguem fazer a ligação com a prática e, depois, o aluno é que tem que fazer quando chega no 4º ano (F2).

A fala desse formador revela que essa separação "acadêmica e organizacional" do curso se reflete no desenvolvimento das disciplinas, ou seja, estas não conseguem ocorrer dentro de uma unida-

158 HELOISA HELENA OLIVEIRA DE AZEVEDO

de teórico-prática. Segundo esse formador, essa questão foi muito discutida quando da reestruturação do curso de bacharelado para licenciatura. Houve propostas de que existisse prática desde o primeiro ano de curso, o que não foi acatado, e a prática (Estágio Supervisionado) foi jogada para o quarto ano. Mas, em sua opinião, é óbvio que não são todas as disciplinas que têm dificuldade de fazer essa articulação com a prática.

Os formadores entrevistados ressaltam que têm tentado desenvolver determinadas estratégias para envolver os outros professores (teóricos) nas questões da prática, convidando-os para coordenar mesas de apresentação de trabalhos dos alunos do 4º ano, "para que eles percebam como que é que se desenvolve o trabalho na prática pedagógica. O que foi um momento de reflexão de todo o grupo. [...] foi um passinho, há muitos outros a serem feitos" (F3).

Nas falas dos formadores ficou evidente que não há uma articulação teórico-prática adequada para a formação dos docentes, ou seja, o teórico é mais importante que o prático, na estrutura dessa formação.

> Os docentes que trabalham com a prática o fazem por terem determinadas competências. Quem dá a teoria, dá porque tem outras competências. Portanto, é difícil jogar com isso. Os que estão ligados à prática são os práticos e infelizmente existe essa desvalorização (F2).

A nosso ver isso é característica de um modelo de *racionalidade técnica*, ou seja, os formadores das áreas específicas de conhecimento não se preocupam com a formação prática do professor, tal como ocorre na formação docente no Brasil.

Analisando as entrevistas, me parece que essa desarticulação teórico-prática é imposta pela estrutura organizacional do curso aos docentes que ministram as disciplinas teóricas e àqueles que atuam com as disciplinas ligadas à prática pedagógica. Seriam, portanto, a meu ver, dois grupos de docentes que, talvez, pela in-

EDUCAÇÃO INFANTIL E FORMAÇÃO DE PROFESSORES 159

junção das tarefas universitárias têm pouca oportunidade ou pouco espaço para estreitar a relação teoria-prática nessa formação.

Mesmo enfrentando o problema da desarticulação teoria-prática na formação, os depoimentos dos formadores portugueses sobre o problema da separação entre cuidar-educar revelam que este não mais permeia o espaço da formação. Este é um problema por eles já superado. De acordo com um dos depoimentos, essa questão, nos anos 1980, era vista muito pelo ângulo do estatuto do educador. Na visão de um dos formadores,

> a questão não está tanto na dimensão da formação, mas na dimensão social da representação do que é um educador da infância. A formação de educadora era uma coisa para quem não tinha jeito pra fazer mais nada. Ser educadora era um primeiro passo para ser boa mãe e, portanto, a dimensão do cuidar estava muito no imaginário social do ser educador de infância (F1).

Com a criação da rede pública do Ministério da Educação, após o 25 de abril de 1974, essa dimensão do educar passou a sobrepor-se de alguma forma à dimensão do apenas cuidar, o educador passou a ser outra coisa. Com as conquistas que foram sendo conseguidas nesse âmbito, os educadores de infância passaram a fazer parte da carreira docente, da classe dos professores, e isso alterou progressivamente o estatuto social do educador da infância.

> Mas eu acho que isso é qualquer coisa que está já muito ultrapassada, nenhum dos nossos alunos se questiona se deve ou não ajudar a alimentar os miúdos. Ninguém se questiona se o miúdo se suja e se é preciso ir mudar a roupa ou mudar a fralda, se deve ser ele ou não deve ser ele.
>
> Portanto, os alunos partem do pressuposto de que essa dimensão é tão importante como outra dimensão qualquer e, portanto, mesmo ao nível da creche, isso está na representação social dos nossos alunos como coisa essencial a fazer para o desenvolvimento das crianças e para vinculação afetiva das crianças com os profes-

sores. Essa é uma questão que já nem pensamos nela, portanto, para nós não faz nenhum sentido (F1).

Em Portugal, com a evolução histórica do estatuto dos educadores de infância, o educar crianças pequenas é algo reconhecido socialmente como muito importante. Cuidar-educar é uma questão que não se discute no nível do ensino superior, porque ninguém questiona, nesse momento, que a dimensão do cuidar e do educar são coisas inseparáveis. Como revela a fala de um formador: "Eu nunca tive um aluno de formação inicial que me dissesse, ou que me pusesse a questão, se o educador deve fazer isto ou se deve fazer aquilo (atividades do cuidar)" (F2).

Na atual realidade portuguesa desfigurou-se um pouco a dimensão do educador de infância como professor, no sentido em que ele ensina alguma coisa. Ensino, por sua vez, não no sentido de alguém que transmite algo ao outro, mas de alguém mais informado que constrói algo em parceria com outra pessoa. Na opinião do Formador 1, "as nossas escolas já não estão ao nível de pensar apenas nos conteúdos e, portanto, quando deixamos de pensar nos conteúdos a dimensão do cuidado está em todo lado" (F1).

De acordo com os depoimentos, foi possível perceber que, na formação, não há a necessidade de enfatizar discursos sobre a "necessidade de integrar cuidar-educar"; para além disso, construiu-se uma nova imagem, de reconhecida importância social do educador de infância, como revela a seguinte fala de um dos formadores:

Porque não dá para dizer apenas que é importante a dimensão do cuidar, que ela é inseparável, indissociável da dimensão do educar, é necessário que as pessoas sintam que o que estão a fazer é inegável, que consigam mostrar resultados do que fazem, que consigam dizer: "eu desenvolvi esses projetos com as minhas crianças e as minhas crianças obtiveram esses resultados".

E são esses resultados, mostrados das mais diversas formas socialmente, que vão fazer que o professor se sinta realizado, em vez de discutir a questão do cuidar e educar. Enquanto continuar

EDUCAÇÃO INFANTIL E FORMAÇÃO DE PROFESSORES **161**

a não ter maneira de mostrar aquilo que faz socialmente de modo valorizável para a sociedade, ele vai continuar a insistir em separar uma coisa da outra, porque é a única maneira que ele tem de se autovalorizar, não encontra outra senão a aproximação aos professores de níveis superiores. Essa é a questão olhada do ponto de vista da organização da prática pedagógica (F2).

É consenso entre os formadores entrevistados que não é possível dissociar o cuidar do educar. Percebe-se que essa compreensão está vinculada, também, às suas concepções de aprendizagem, de desenvolvimento e de educador de infância.

É muito difícil dissociar uma coisa da outra. Não podemos dizer que o educador cuida da criança ou educa a criança. A criança está em desenvolvimento e o papel do educador é desenvolver a criança, tanto faz se tem três meses, se tem um ano, se tem quatro, se tem dois [...]. Esse é o objetivo do educador, ajudar a criança a desenvolver competências não pra aquela idade, mas pra idade futura.

O que é trabalhado o tempo todo é a importância de estimular, estimular não no sentido de estimulação simples, mas de desenvolvimento da criança.

Portanto, não existe essa distinção. O cuidado é importante, mas não é único, não é separado – o educador em determinadas idades cuida, em outras idades desenvolve –, o educador desenvolve o tempo inteiro cognitivamente, afetivamente, não interessa, ele está sempre estabelecendo uma relação afetiva com a criança que é propiciadora de desenvolvimento, não importa que tipo de desenvolvimento, mas, isso não é enfatizado (F3).

Desse modo, para esses formadores, a questão do cuidar-educar é algo que se dilui a partir da compreensão que o educador tem do que é ensinar – ou, então, de como a criança constrói seu conhecimento – e da qualidade da sua intervenção nas diversas situações vivenciadas pelas crianças no dia a dia da instituição.

Portanto, nós estamos o tempo todo trabalhando com o desenvolvimento da criança e o educador não é aquele que vai ensinar a criança, mas é aquele que vai criar as condições para que a criança se desenvolva, ele não vai ensinar conteúdos, nem no jardim de infância ele vai ensinar conteúdos, ele coloca situações para que a criança se desenvolva, a construção do conhecimento é conjunta, não é a criança que constrói conhecimento, não é o educador que constrói conhecimento, o conhecimento é construído na interação e na relação entre as crianças e o educador e entre as crianças e as pessoas da sala e toda a instituição, desde a creche é um conhecimento que está sendo construído (F2).

Um dos formadores entrevistados fala de sua concepção sobre o cuidar-educar a partir da origem etimológica da palavra, o que, segundo ele, contribui para que os alunos percebam a importância e o valor que estão subjacentes a essas ações e que, principalmente, não se dão de forma separada, como expressa em sua fala a seguir:

Eu tenho aquela característica que é ir à raiz etimológica das palavras e eu não vejo diferença, absolutamente nenhuma, porque "cuidar" vem do latim *cogitare* e *cogitare* quer dizer pensar, meditar, projetar. E, se nós vemos nesta raiz etimológica, nesta significação, o significado de "cuidar" está: pensar é função de qualquer dos cidadãos, meditar é a reflexão e projetar é desenhar o currículo, o programa, o plano de ação ou o que quer que seja, aqui está em vista educar.

Outra coisa que eu acho muito bonita nessa raiz etimológica do cuidar é que quer dizer "agitar o pensamento", cuidar é agitar, sacudir o pensamento e, portanto, quem cuida não é cego, tem um corpo que vê sempre e tem uma interioridade que captura esse mundo da experiência porque tem instrumentos. [...] ele [Heidegger] fala desse *cuidare*, no latim, que vem de *cogitare*, [...] que quer dizer agitar no espírito, resolver no pensamento. Depois a outra é pensar, meditar, projetar, programar e depois o mesmo autor diz que também quer dizer "é ter pensamentos em relação a alguém".

EDUCAÇÃO INFANTIL E FORMAÇÃO DE PROFESSORES **163**

E, depois, temos a dimensão ética do cuidar, eu tenho de cuidar e não posso menosprezar ou não dar dignidade à palavra cuidar. E, por isso, cuidar e educar é como uma moeda que não se pode separar, porque quem cuida educa e quem educa cuida, não é? (F3).

A partir dos depoimentos dos formadores e das observações que fizemos durante visitas às instituições de Educação Infantil, foi possível perceber que, na realidade atual daquela formação e da prática cotidiana das educadoras de infância, não se enfrenta o problema da separação cuidar-educar. Penso que tal situação não existe devido às concepções de criança, Educação Infantil e de perfil de professor que hoje fazem parte das políticas de atendimento infantil e de formação de seus professores. Tais concepções, certamente, (re)construídas ao longo das transformações sociais políticas e econômicas vivenciadas por aquele país ao longo de sua história.

Por outro lado, percebemos que, embora tais concepções tenham sofrido mudanças, aproximando-se do que hoje a literatura da área, nacional e internacional, aponta como mais adequadas ao atendimento infantil, o modelo de formação analisado apresenta uma estrutura organizacional que reforça a dicotomia teoria-prática. Isso porque estabelece uma divisão entre os docentes em termos de competências para atuar em tal formação, ou seja, há os que ministram as disciplinas "teóricas" e os que atuam mais próximo das orientações "práticas" com os futuros educadores.

Diante de tal estrutura de formação profissional, podemos considerar que ela centra-se num modelo de *racionalidade técnica*, embora seus pressupostos teóricos e filosóficos apontem em direção oposta. Vejo aqui um ponto de semelhança com o modelo de formação docente brasileiro. Diante do que foi até aqui constatado, seria paradoxal pensar que, no caso português, tal modelo de formação tenha sido o grande motivador das revisões nas concepções dos formadores e que, por isso, eles tenham superado o problema da separação cuidar-educar.

Outro paradoxo observado é a ênfase dada naquela formação com uma estrutura técnica, ao modelo do "professor reflexivo", quando tal abordagem surge, exatamente, em oposição ao modelo técnico de formação docente e já bastante criticado pela literatura da área, inclusive por autores brasileiros, como citamos no Capítulo 2 deste livro.

Cabe-nos perguntar, agora, se o problema da separação cuidar-educar não existe na realidade portuguesa, apesar desse modelo técnico de formação como, então, este problema foi solucionado?

Diante das análises até aqui construídas, concluímos que o problema encontra sua origem no aspecto da representação social da profissão, isto é, o que significa ser "professor", independentemente de seu nível de atuação. Consideramos que é nesse âmbito que precisamos buscar mudanças, por meio da valorização, do reconhecimento da importância social dos professores que trabalham com a educação de crianças de até 5 anos no Brasil. A formação docente, por mais adequada que possa vir a se tornar às diferentes realidades de nosso país, não possui força suficiente para resolver sozinha esse problema.

Evidentemente, não estamos descartando os esforços que os estudiosos e pesquisadores da área têm desenvolvido em direção à melhoria da formação dos professores de Educação Infantil e de um atendimento de maior qualidade para as crianças desse nível de ensino, ao contrário, consideramos que a formação docente precisa ser a grande provocadora desse reconhecimento, investindo cada vez mais na profissionalização desses educadores, e são os formadores que têm a tarefa de dar essa referência aos futuros professores.

Consideramos, portanto, que a superação do problema da separação cuidar-educar na Educação Infantil brasileira não encontrará solução unicamente pela via da reformulação curricular na formação de seus professores, como é enfaticamente proposto pela grande maioria dos autores dos artigos analisados e por alguns dos sujeitos dessa investigação. Como já dissemos, não desconsideramos a importância de algumas reformulações curriculares, mas pensamos que o investimento nessa formação precisa estar aliado a um movimento maior, a ser desencadeado na formação inicial, de construção de uma identidade positiva da profissão e de reconhecimento social dos professores de Educação Infantil.

Para além do discurso

Buscando a superação do binômio cuidar-educar

Temos constatado, ao longo deste e de outros estudos por nós realizados, que a concepção de criança é a grande estruturadora da prática dos professores da Educação Infantil, ou seja, de acordo com a maneira como concebem as crianças é que estes planejam e desenvolvem seu trabalho com elas.

Com base em estudos de autora da área que define três Tendências Pedagógicas[15] de trabalho na Educação Infantil, tomamos como referência teórica a tendência pedagógica crítica, a qual é apontada pelos estudiosos da área como a mais adequada às atuais necessidades de educação das crianças de 5 anos.

Cumpre, portanto, pensar uma educação para a criança pequena que considere sua condição de sujeito histórico e cultural, que respeite sua existência enquanto tal, que valorize suas experiências, que contribua com o seu desenvolvimento e que amplie os conhecimentos do mundo em que vive.[16]

Portanto, se a concepção de criança de um professor pauta-se numa perspectiva romântica e assistencialista, suas ações em relação a ela serão de oferecer apenas cuidados de saúde, de higiene e de alimentação e, em alguns casos, oferecer ambiente de lazer e segurança até que esta retorne aos cuidados dos pais. Essa concepção ainda é muito comum entre os professores que atuam com as crianças de até 3 anos em nosso país.

Por outro lado, se a concepção do professor pauta-se numa perspectiva cognitivista, isto é, de que a Educação Infantil deve ter

---

15 Kramer (org.), *Com a pré-escola nas mãos – uma alternativa curricular para a educação infantil.*

16 Azevedo; Silva, Concepção de infância e o significado da Educação Infantil, *Revista Espaços da Escola 34*, p.39.

função pedagógica, entendida como fase "preparatória" da criança para a escola fundamental, aquele organizará seu trabalho de forma a cumprir a tarefa de "alfabetizar" as crianças, garantindo-lhes o aprendizado da leitura, da escrita e de alguns conteúdos escolares. Em geral, as crianças de 4 e 5 anos é que são submetidas a esse tipo de "preparação" para a vida escolar.

Vemos nessas tendências pedagógicas de trabalho na Educação Infantil, construídas na dinâmica das sociedades e nos estudos dos teóricos de cada época, o "retrato fiel" da separação entre cuidado e educação, pois enquanto a primeira privilegia "cuidados", a segunda se preocupa com a "educação", equivocadamente reduzida a uma visão essencialmente "alfabetizadora" de Educação Infantil. Sendo assim, a revisão nas concepções de criança e Educação Infantil, a nosso ver, é o ponto de partida para se pensar qualquer trabalho a ser desenvolvido com ela.

Constatamos que existe uma dupla imagem cristalizada do adulto que lida com crianças na instituição. A primeira é o modelo do "adulto maternal" que apenas "cuida" de crianças de até 3 anos, do qual não se exige formação adequada. A outra é a da "professora", formada para "ensinar" as crianças de 4 e 5 anos.

Consideramos, à luz da realidade portuguesa, que um dos fatores que contribui para a existência dessa problemática em nosso país é que os professores da Educação Infantil continuam sem identidade. Eles não têm clareza da importância do seu papel na sociedade nem na própria instituição na qual atuam. Alguns, por terem formação em nível superior[17] e pela própria função que desempenham na instituição – professor –, se negam a trocar uma fralda, pois consideram que não se formaram num "curso superior" para ser "babá". Outros, por terem apenas a formação mínima exigida[18] – em alguns casos nem esta – e desempenharem funções de "auxiliares", limitam-se aos cuidados de higiene e alimentação e, quando solicitados a participar de uma atividade que

---

17 Pedagogia ou Normal Superior.
18 Magistério do Ensino Médio.

EDUCAÇÃO INFANTIL E FORMAÇÃO DE PROFESSORES   167

seja tarefa do "professor", negam-se igualmente, alegando que não ganham salário suficiente para isso. Constatamos, assim, que o imaginário desses professores se constitui, ainda, dessa visão dicotômica sobre quem é o professor da Educação Infantil. Diante da realidade atual, precisamos de um professor que tenha clara intenção educativa, que seja capaz de perceber a importância de uma ação que, julgada por muitos como sendo apenas de "cuidado", é ao mesmo tempo educativa e vice-versa. Em seu trabalho diário com as crianças, a preocupação desse professor não deve ser se ele está "cuidando" ou "educando", mas com as contribuições que ele poderá oferecer para o aprendizado e desenvolvimento das crianças, com a da qualidade da interação que ele estabelece com elas e, mais uma vez, da intencionalidade educativa que está, ou não, presente na sua ação, o que vai depender das concepções e conhecimentos deste do professor sobre as crianças e suas necessidades educativas.

Essa dualidade existente na área, construída historicamente, a nosso ver, tem sido reforçada pela formação inicial, o que tem se configurado num grande obstáculo à definição de um perfil profissional para a Educação Infantil: professor ou educador? Como este deve ser identificado? O que precisa saber um professor de Educação Infantil?

Segundo Bujes, "cuidar e educar sempre estiveram associados e a cisão entre tais processos não está na sua pretensa desarticulação, mas em como são vistos os sujeitos infantis, como contribuintes de redes de socialização com propósitos diferenciados",[19] o que confirma nossa crença de que a revisão nas concepções de criança e de Educação Infantil é ação prioritária no enfrentamento do problema. Percebemos, ainda, a força da influência da "concepção moderna de infância" no imaginário da grande maioria dos professores da Educação Infantil, os quais ainda veem a criança como um ser frágil, ingênuo e necessitado apenas de cuidados físicos e de higiene.

---

19 Bujes, *Governando a subjetividade: a constituição do sujeito infantil no RCNEI*. 24ª Reunião Anual da ANPEd, 2001.

168 HELOISA HELENA OLIVEIRA DE AZEVEDO

Diante disso, os cursos de Pedagogia que hoje têm a determinação legal de formar o pedagogo e o professor para atuar na Educação Infantil e anos iniciais do Ensino Fundamental precisam considerar na reformulação de seus Projetos Político-Pedagógicos essa problemática que permeia a área, priorizando discussões e práticas que auxiliem os futuros professores a reverem suas concepções de criança, educação, escola, professor e a construir postura autônoma para pensar a elaboração do seu trabalho pedagógico.

Com base nos estudos que temos realizado na área da formação de professores, podemos considerar que ainda não estamos priorizando essa reconceptualização da criança na formação. Temos tomado como estratégias de mudança as reformulações curriculares e, mais recentemente, a exigência de formação mais "alongada" para a Educação Infantil no curso de Pedagogia. Isso também não tem contribuído para a solução do problema, pois tal formação acontece de forma episódica, não sendo suficiente para formar adequadamente esses professores para atuar com crianças de até 5 anos.

Consideramos que tal realidade atribui às instituições formadoras a importante tarefa de revisão nessa formação visando à "desconstrução" dessa visão "separatista" entre Educação Infantil e anos iniciais do Ensino Fundamental e à construção de uma nova identidade profissional docente.

Uma identidade profissional se constrói, pois, a partir da significação social da profissão; da revisão constante dos significados sociais da profissão; da revisão das tradições, mas também da reafirmação de práticas consagradas culturalmente e que permanecem significativas, do confronto entre as teorias e as práticas, da análise sistemática das práticas à luz das teorias existentes, da construção de novas teorias. Constrói-se, também, pelo significado que cada professor (enquanto ator e autor) confere à atividade docente no seu cotidiano a partir de seus valores, de seu modo de situar-se no mundo, de sua história de vida, de suas representações, de seus saberes, de suas angústias e anseios, do sentido que tem em sua vida o "ser professor", assim como, a partir de sua rede de relações com outros professores, nas escolas, nos sindicatos e em outros agrupamentos.

EDUCAÇÃO INFANTIL E FORMAÇÃO DE PROFESSORES   169

A compreensão desarticulada de teoria e prática é outro dos problemas por nós enfrentados na formação desses professores. Estamos agindo, ainda, de acordo com o modelo tradicional de formação docente que é o de "despejar" nos alunos teorias desarticuladas da prática, porque não foram construídas e significadas no espaço da formação, não tiveram relação com a realidade das instituições de atendimento infantil. Não desconsideramos, de maneira alguma, a importância das discussões teóricas, mas temos clareza de que elas, por si só, não terão o efeito esperado, se não forem compreendidas como instrumentos de interpretação da realidade e significadas por meio do oferecimento de exemplos práticos e não como "receitas" para serem "aplicadas" acriticamente pelos professores no espaço da instituição.

A proposta que tem sido adotada no sentido de enfrentar a dicotomia teoria-prática, para se contrapor ao modelo técnico de racionalidade técnica na formação profissional, centra-se no modelo de "professor-reflexivo", "movimento teórico de compreensão do trabalho docente", o qual tomou conta do cenário educacional brasileiro, desde o início dos anos 1990, sendo o termo "reflexivo" equivocadamente assumido "enquanto adjetivo, como um atributo próprio do ser humano".[20] Dessa forma, a desarticulação teoria--prática continuou sem solução, pois se passou a valorizar a "prática" como tendo mais importância em relação à "teoria", mesmo que não a desconsidere.

Zeichner

> entende que a concepção de intervenção reflexiva proposta por Schön, a partir de Dewey, é uma forma de sustentar a incoerência em se identificar o conceito de professor reflexivo com práticas ou treinamentos que possam ser consumidos como pacotes a ser aplicados tecnicamente. É isso que, a seu ver, vem ocorrendo com o conceito: um oferecimento de treinamento para que o professor torne-se reflexivo.[21]

---

20 Pimenta, Professor reflexivo: construindo uma crítica. In: Pimenta; Ghedin (orgs.), *Professor reflexivo no Brasil – gênese e crítica de um conceito*, p.18.
21 Zeichner (1992) apud Pimenta, op. cit., p.23.

170 HELOISA HELENA OLIVEIRA DE AZEVEDO

A abordagem da "prática reflexiva" foi amplamente adotada como uma "nova roupagem" considerada "inovadora" das práticas dos professores pela via da mera "reflexão sobre a prática". De acordo com Sacristán, "é necessário incentivar a aquisição de uma consciência progressiva sobre a prática, sem desvalorizar a importância dos contributos teóricos, ou seja, de se recusar a ideia de que existe uma linearidade (unívoca) entre o conhecimento teórico e a ação prática".

Nesse sentido, há que se aceitar a afirmação de Giroux (1990), de que a mera reflexão sobre o trabalho docente de sala de aula é insuficiente para uma compreensão teórica dos elementos que condicionam a prática profissional. Na mesma direção, Libâneo (1998a) destaca *a importância da apropriação e produção de teorias como marco para a melhoria das práticas de ensino e dos resultados.* (grifo nosso)[22]

Nessa "onda de inovações", nesses últimos quinze anos, têm se desenvolvido estudos na área da Educação Infantil com vistas à definição de suas especificidades no atendimento às crianças. A ideia que tem sido amplamente divulgada, e aceita pela maioria, é a de formulação de uma *Pedagogia da Infância*, como alternativa à necessidade de se definir especificidades de atendimento nas instituições de Educação Infantil. Rocha, ao discutir as possibilidades dessa Pedagogia, ressalta que

> Os estudos que se propuseram a tomar a infância como objeto, desde a pedologia[23] até a moderna psicologia infantil, foram, de fato, sofrer uma grande mudança no foco de suas atenções, com o advento da universalização da escola e das demandas práticas daí

---

22 Pimenta, op. cit., p.25.

23 Área de estudo que procurou se afirmar no Europa na transição do século XIX e que pretendia o estudo natural e integral da criança, sob o aspecto biológico, o antropológico e o psicológico (Rocha, *A pesquisa em Educação Infantil no Brasil*, p.60).

EDUCAÇÃO INFANTIL E FORMAÇÃO DE PROFESSORES **171**

decorrentes. [...] A criança passa a ser o aluno, e o foco das preocupações do ensino e da aprendizagem, tendo em vista a aquisição dos conhecimentos já produzidos, num momento em que ainda não se pôs em pauta a aprendizagem como um processo construtivo.[24]

As palavras da autora evidenciam a escolarização imposta a todos os níveis educacionais sem considerar suas especificidades e, no caso das crianças pequenas, caracteriza-se como um atendimento que "desconsidera suas peculiaridades" que, nos seus primeiros anos de vida, antes de ingressar na escola fundamental, enquanto ainda não é "aluno", necessita de um espaço que reconheça e valorize os "processos gerais de constituição da criança: a expressão, o afeto, a sexualidade, a socialização, o brincar, a linguagem, o movimento, a fantasia, o imaginário, [...] as cem linguagens".[25]

A formulação de uma *Pedagogia da Infância* desponta nesse cenário como uma possibilidade de delimitação das especificidades da área, de efetivo reconhecimento desta como etapa inicial da Educação Básica, propondo que ela não funcione como preparação para a escola fundamental, porque não considera a criança como um *aluno*, nem o espaço da instituição de atendimento infantil como *escola* nem o adulto que lá atua como "professor".

Diante dessa ideia, questionamos: recusar tais concepções não significa recusar, também, a função social da escola, historicamente construída como espaço "ensino" e de "aprendizagem"? Se não é "escola", não tem "aluno" nem "professor", é o que, então?

Constatamos que essa proposta que advoga a "negação da denominação de escola" para as instituições de Educação Infantil tem ressaltado opiniões contrárias entre os pesquisadores da área. Olhando por este lado, podemos dizer que é salutar o debate de ideias divergentes, o que pode promover avanços na área, mas não podemos esquecer que, por outro lado, tal proposta não contribui com o reconhecimento profissional dos professores de Educação

---

24 Rocha, *A pesquisa em Educação Infantil no Brasil*, p.60-1.
25 Ibid., p.62.

Infantil, além de que também tem causado conflitos no imaginário desses professores, os quais não têm sido formados de maneira adequada para analisar criticamente certas "inovações" que vêm sendo apresentadas na área.

Reiteramos, portanto, que o atendimento às crianças de até 5 anos deve ser feito por uma instituição denominada "escola", por ser um espaço de educação formal, caso contrário, estaremos propensos a nos assemelharmos a alguns "espaços alternativos" que recebem crianças apenas para lazer, onde elas interagem ao sabor das suas necessidades e interesses e, ainda, o profissional que lá atua deve ser um professor, com o reconhecimento profissional e social que lhe cabe, afinal, não existe oficialmente profissão de "educador".

Ressaltamos, porém, que a defesa da especificidade de um atendimento educativo numa instituição "escolar" não pode se centrar na busca de um modelo tradicional (transmissão/recepção) de ensino-aprendizagem para a Educação Infantil, o qual não serve igualmente ao Ensino Fundamental. Analisando tal situação pelo foco da formação docente, consideramos que buscar essa especificidade significa construir uma proposta para a escola infantil com intencionalidade educativa clara, "visível", que mostre as diferenças, as intenções educativas nessas instituições.

Podemos, portanto, considerar que não se trata de uma revisão apenas de âmbito acadêmico e curricular, mas também político e social de reconhecimento da profissão. Mesmo com todos os esforços de âmbito acadêmico e curricular que têm sido desenvolvidos em busca de melhorias nessa formação, percebemos que estes não têm sido suficientes. As melhorias que consideramos necessárias em termos curriculares ou estruturais não podem ocorrer de forma isolada da luta por esse reconhecimento em nível social.

Bernstein,[26] ao analisar as possíveis consequências de propostas pedagógicas para crianças da classe trabalhadora, em textos da

---

26 Bernstein apud Campos, A formação de profissionais de educação infantil no contexto das reformas educacionais brasileiras.

EDUCAÇÃO INFANTIL E FORMAÇÃO DE PROFESSORES **173**

década de 1980, "utiliza os adjetivos 'visível' e 'invisível' para caracterizar práticas pedagógicas baseadas em regras mais ou menos explícitas quanto ao conteúdo, ritmo e sequência do aprendizado, papel do educador/transmissor e parâmetros de avaliação". A tese defendida pelo autor ressalta que:

as formas de controle implícitas nas pedagogias invisíveis correspondem melhor ao padrão de socialização vigentes nas famílias de setores de classe média, podendo se constituir em uma dificuldade adicional para a escolaridade das crianças de classe trabalhadora, acostumadas a regras de comportamento claras e rígidas, que independem da individualidade da criança, do contexto da ação e da interpretação do adulto. O autor nota que essa concepção pedagógica que ele chama de invisível é mais comum em jardins de infância e escolas primárias (em que as crianças inglesas agora chegam aos cinco anos) do que no ensino secundário, quando as exigências do mercado de trabalho e/ou a competição pelo acesso ao ensino superior pressionam famílias e escolas na direção de um ensino mais estruturado e centrado na transmissão de conteúdos. Aliás, ele nota que a aceitação de práticas pedagógicas mais abertas e centradas na atividade das crianças está condicionada à expectativa de escolaridade longa, ou seja, por uma previsão de que o aluno ficará ainda por muito tempo na escola, o que minimizaria os possíveis riscos dessa abertura para o aprendizado das crianças: sempre haverá tempo para correções de rotas e compensações de falhas na aquisição de conhecimentos básicos.

Na opinião da autora, os adjetivos utilizados por Bernstein parecem inspirar a "caracterização de pedagogias segundo o critério da maior ou menor visibilidade de seus pressupostos e parâmetros", pois, no debate que se faz hoje em nosso país, há "muitas concepções diferentes que permanecem escondidas no campo da 'não escolarização', ao mesmo tempo que para o campo da 'escolarização' são empurradas também propostas nem sempre coincidentes".

174 HELOISA HELENA OLIVEIRA DE AZEVEDO

É verdade que, enquanto professores sedentos por melhorias na educação, precisamos estar atentos para não "curvar a vara" para o outro lado, sob pena de formularmos medidas que serão apenas novos paliativos para nossos problemas. Nesse contexto, não há como negar que a inserção das crianças de 6 anos de idade no Ensino Fundamental deu novo fôlego ao debate sobre o "caráter escolar" das instituições de Educação Infantil, e as proposições de que a educação infantil ocorra em uma instituição denominada escola são, então, consideradas propostas para "adult(er)izar" a infância.

Nesse caso, não podemos deixar de considerar procedente a crítica de Arce[27] a esse discurso de elaboração de uma Pedagogia da Infância que se vem construindo na área em prol da "não escolarização":

> trata-se de um discurso que tem permeado boa parte do que tem sido falado e escrito nessa área no Brasil. Pode-se dizer que há um movimento por constituição de uma nova pedagogia, que cortaria definitivamente todos os laços com o ensino e com a figura do professor, como alguém que transmite conhecimentos às crianças. Mas é possível haver educação sem ensino? Se as instituições de Educação Infantil não tiverem por objetivo último o ensino e a aquisição de conteúdos por parte das crianças, o que caracterizaria a especificidade dessas instituições perante outras como, por exemplo, um clube, onde a criança também brinca e interage? Uma pedagogia da infância que tenha "como objeto de preocupação a própria criança" não seria a própria negação do princípio educativo básico que é a humanização da criança, fazendo que ela cresça e se torne um ser humano adulto? Não haveria aí uma inversão, isto é, passa-se a considerar que é a criança quem humaniza o adulto em vez de este humanizar aquela?

A autora toma "o processo de constituição do sujeito" como foco de sua análise, a qual pauta-se na abordagem histórico-cul-

---

27 Arce, Pedagogia da infância ou fetichismo da infância?. In: Duarte (org.), *Crítica ao fetichismo da individualidade*, p.156.

tural. Segundo ela, tal "pedagogia" atribuiu ao sujeito um sentido que provém de uma visão construtivista que valoriza a individualização. Nessa perspectiva, é o olhar que "a criança" atribui ao mundo que indica, direciona, sugere as ações do adulto/professor, o qual, nessa interação, não terá a função de mediar o acesso dessa criança à produção histórica humana, ou seja, não terá o papel de compartilhar com a criança os significados que ela atribui às coisas do mundo, de introduzi-la no mundo da cultura, mas apenas de se colocar a serviço do "atendimento das suas necessidades". Vista por esse ângulo, a *Pedagogia da Educação Infantil* estaria, certamente, provocando um esvaziamento do papel do professor e da escola.

Certamente, construir uma proposta com intencionalidade educativa claramente definida exige professores com uma formação teórico-prática solidamente fundamentada, que lhe permita esclarecer, em primeiro lugar, suas próprias concepções, valores, tendo autonomia para fazer suas opções, ou melhor, *sentir-se bem na sua pele*. Penso que essa "apropriação ressignificada de teorias e conceitos" que se faz com frequência no meio educacional é fruto da desvinculação da formação profissional dos condicionantes sociais que a envolvem, da falta de uma maior unidade entre os professores, desde as condições dignas de trabalho e remuneração até o reconhecimento social da profissão.

A possibilidade de conhecer como se desenvolve a Educação Infantil em Aveiro/Portugal nos permitiu constatar que tal país enfrentou esse problema da separação cuidado-educação pelo efetivo envolvimento de seus educadores nas questões relativas à regulamentação da sua profissão, o que influenciou o processo de mudança das suas concepções de criança e de Educação Infantil. De acordo com um dos formadores do curso de Educadores de Infância da Universidade de Aveiro, "o fato de se criar uma rede pública do Ministério da Educação, em que os educadores passaram a fazer parte da carreira docente, da classe dos professores, veio alterar progressivamente o estatuto social do educador da infância" (F1).

Analisando as opiniões de formadores brasileiros, foi possível perceber que academicamente temos clareza da nossa realidade e

176 HELOISA HELENA OLIVEIRA DE AZEVEDO

consciência das reformulações que precisam ser feitas na formação dos professores de Educação Infantil. Porém a maioria dos formadores ainda considera que é a partir de reformulações no nível curricular da formação desses professores que encontraremos a superação do problema da separação cuidar-educar. Apenas um dos cinco formadores brasileiros entrevistados abordou tal questão, também, pela via da profissionalização, como revelam os seguintes trechos de seu depoimento:

> Outro é a questão do estatuto do magistério que, se por um lado é claro que é desejado, desde a professora de Educação Infantil à professora do ensino na pós-graduação, exista uma equiparação do ponto de vista do seu valor social, a natureza do trabalho da professora de Educação Infantil é bastante distinta do trabalho nos demais níveis de ensino, não é uma aula de quarenta minutos, e aí as coisas que regulam o trabalho na Educação Infantil acabam se regendo por essa lógica dos outros níveis de ensino e isso causa problemas do ponto de vista do trabalho desses docentes com as crianças pequenas.
> [...] Eu acho que esse tipo de estimulação aos docentes, de estimular que sejam comprometidos com o seu trabalho, eu acho que é uma coisa importante na formação e um argumento forte no sentido das próprias reivindicações por melhores condições de trabalho. Se o professor trabalha mal como é que ele quer melhores condições de trabalho? Então, trabalhando bem eu acho que ele tem mais força pra reivindicar. É, muitas vezes na ideia de uma ascensão social, de sair de uma atividade manual desse tipo de cuidados e aí se separa: o pedagógico é a hora de sentar na mesinha e fazer determinadas atividades.

Sobre isso, Sacristán ressalta que:

> Uma correta compreensão do profissionalismo docente implica relacioná-lo com todos os contextos que definem a prática educativa. O professor é responsável pela modelação da prática, mas

EDUCAÇÃO INFANTIL E FORMAÇÃO DE PROFESSORES **177**

esta é a interseção de diferentes contextos. O docente não define a prática, mas o papel que aí ocupa; é através da sua atuação que se definem e concretizam as múltiplas determinações provenientes dos contextos em que participa.[28]

Mesmo com todos os esforços de âmbito acadêmico e curricular que têm sido desenvolvidos em busca de melhorias nessa formação, percebemos que eles não têm sido suficientes para superação do problema da separação cuidar-educar. A partir deste estudo foi possível constatar que se trata de uma questão, também, de âmbito político e social de reconhecimento da profissão. As melhorias que consideramos necessárias em termos curriculares ou estruturais não podem ocorrer de forma isolada da luta por esse reconhecimento ao nível social. Nessa direção, Tardif denomina de "mentalismo" as intenções de reduzir os saberes docentes, "exclusiva ou principalmente, a processos mentais (representações, crenças, imagens, processamento de informações, esquemas etc.) cujo suporte é a atividade cognitiva dos indivíduos".[29]

Na opinião desse autor, o saber docente é de natureza social, porque é "adquirido no contexto de uma socialização do professor", ou seja, nas relações que os professores estabelecem nos vários contextos de que participam, nos quais, além deste saber, também incorporam, modificam, adaptam suas ideias, valores, crenças, "em função dos momentos e das fases de uma carreira, ao longo de uma história profissional, onde o professor aprende a ensinar fazendo o seu trabalho".[30]

Se agirmos na direção de reformular nossas concepções de criança, Educação Infantil, escola e professor, estaremos dando um passo adiante na definição do que é específico na Educação Infantil. Assim, acredito que teremos mais consciência da nossa intencionalidade educativa para não cairmos tão facilmente em

---

28 Sacristán, op. cit., p.74.
29 Tardif, *Saberes docentes e formação profissional*, p.11.
30 Ibid., p.14.

178 HELOISA HELENA OLIVEIRA DE AZEVEDO

"ciladas pedagógicas" que nos descaracterizem enquanto professores perante a sociedade.

Na opinião de Campos,[31] essa valorização da Educação Infantil só será alcançada pelo envolvimento efetivo dos professores da/na área, isto é,

> Lutando-se dentro do campo educacional, apoderando-se de seus meios e recursos, participando de seus debates, integrando-se aos programas de formação de professores, procurando influir sobre eles e quebrando o isolamento do campo da Educação Infantil. Não será a fuga da área de influência da educação que "salvará" a creche do destino "escolarizado" da pré-escola: tanto a creche como a pré-escola só poderão ser transformadas dentro de um processo de crítica e construção permanente que lhes reconheça seu caráter educativo.

Nesse sentido, ressalto que cabe à formação inicial, na figura de seus formadores, uma parcela de responsabilidade, bastante significativa, no que se refere à construção dessa *profissionalidade*, a qual é definida por Sacristán[32] como "a afirmação do que é específico na ação docente, isto é, o conjunto de comportamentos, conhecimentos, destrezas, atitudes e valores que constituem a especificidade do ser professor". Complementando essa ideia:

> A abordagem sócio-histórica da atividade, com a contribuição dos recentes estudos sobre teorias da ação e da cultura, permite juntar esses componentes da prática do professor num todo harmônico. Ela possibilita compreender a formação de professores a partir do trabalho real, a partir das práticas correntes no contexto de trabalho e não a partir do trabalho prescrito, tal como aparece na visão da racionalidade técnica e tal como aparece também na

---

31 Campos, op. cit., p.XXI.
32 Sacristán, op. cit., p.64.

EDUCAÇÃO INFANTIL E FORMAÇÃO DE PROFESSORES 179

concepção de senso comum que se tem sobre formação que ainda vigora fortemente nas escolas e nas instituições formadoras.[33]

Por fim, ressaltamos que, enquanto formadores desses professores, precisamos parar de enfatizar a "indissociabilidade cuidado-educação" em nossos discursos. Acreditamos que, se nos dedicarmos à (re)construção da concepção de infância, isso automaticamente vai provocar mudanças na concepção de Educação Infantil. Se também nos preocuparmos em tornar mais significativa a teoria trabalhada, "ilustrando-a" com situações que ocorrem no dia a dia das escolas de Educação Infantil, estaremos possibilitando aos futuros professores reflexões mais próximas da sua realidade concreta de atuação. Assim, pressupomos que não será necessário questionar se devemos "cuidar" ou "educar" as crianças, mas saberemos que o que precisamos fazer é possibilitar a elas, de forma planejada, situações que promovam seu desenvolvimento e atendam às suas necessidades de aprendizagens.

Por outro lado, isso não é suficiente, é preciso que haja um envolvimento maior do professor com sua profissão e isso precisa ser estimulado, desenvolvido na formação inicial por meio do processo de ensino dos formadores, em todas as disciplinas do currículo, como princípio fundamental de formação do professor. Como decorrência, precisamos desenvolver um movimento maior, de âmbito social e político de reconhecimento dessa profissão e de conscientização da importância de uma formação adequada ao professor da Educação Infantil e de seu papel na transformação da sociedade. No entanto, tudo isso passa, inexoravelmente, pela revisão das concepções docentes sobre a criança, sua infância e educação na escola.

---

33 Libâneo, Reflexividade e formação de professores: outra oscilação do pensamento pedagógico brasileiro? In: Pimenta; Ghedin (orgs.), *Professor reflexivo no Brasil – gênese e crítica de um conceito*, p.74.

ANEXO

Artigos analisados
GT 07 – Educação da Criança de 0 a 6 anos – ANPEd (1994-2003)

17ª Reunião anual – 1994

Ref.	TÍTULO	AUTOR(ES)	INSTITUIÇÃO
01	Formação continuada de educadores para interação creche/pré-escola num programa de cooperação universidade prefeitura.	CAVICCHIA, Durlei de Carvalho	UNESP/ Araraquara
02	O currículo da pré-escola em questão.	SAMPAIO, Carmem Sanches	UFF/IERJ
03	Creches pré-escolas: as instituições e os professores da educação de 0 a 6 anos em Florianópolis.	CERISARA, Ana Beatriz; ROCHA, Eloísa Acires Candal; CARVALHO, Diana C.; SILVA FILHO, João Josué; OSTETO, Luciana Esmeralda	UFSC
04	Currículo da pré-escola e formação do educador em serviço.	ALMEIDA, Aidê Cançado	PBH/MEC-MG

18ª Reunião anual – 1995

Ref.	TÍTULO	AUTOR(ES)	INSTITUIÇÃO
05	A pré-escola na Itália.	FARIA, Ana Lucia Goulart de	UNICAMP
06	Proposta de criação de curso regular de qualificação professor a nível de 1º grau do educador infantil de creche ou similar da Prefeitura Municipal de Belo Horizonte.	VIEIRA, Lívia Maria Fraga	SMED/PBH
07	Em busca de uma pedagogia da Educação Infantil.	ROCHA, Eloísa Acires Candal	UFSC/ UNICAMP

19ª Reunião anual – 1996

Ref.	TÍTULO	AUTOR(ES)	INSTITUIÇÃO
08	Educação Infantil e currículo: a especificidade do projeto educacional e pedagógico para creches e pré-escola.	MACHADO, Maria Lúcia de Almeida	FCC
09	Creches e Pré-escolas: diagnóstico das instituições educativas de 0 a 6 anos em Florianópolis.	ROCHA, Eloísa A. C.; SILVA FILHO, João Josué	UFSC
10	Nas tramas da formação do professor de Educação Infantil: universidade e creches estabelecendo interlocuções, tecendo relações, criando alternativas.	OSTETO, Luciana Esmeralda	UFSC
11	Jardineira, tia ou professorinha? O reflexo do mito sobre o real.	ARCE, Alessandra	UFMS

EDUCAÇÃO INFANTIL E FORMAÇÃO DE PROFESSORES **183**

20ª Reunião anual – 1997

Ref.	TÍTULO	AUTOR(ES)	INSTITUIÇÃO
12	Educadoras de creche: entre o feminino e o professor.	CERISARA, Ana Beatriz	UFSC
13	Educação Infantil no Brasil: refletindo sobre as dimensões do cuidado, educação e socialização da criança.	HADDAD, Lenira	USP

21ª Reunião anual – 1998

Ref.	TÍTULO	AUTOR(ES)	INSTITUIÇÃO
14	O pedagógico na Educação Infantil: uma releitura.	BUJES, Maria Isabel Edelweiss	UFRGS
15	Professores para a Educação Infantil: a idealização e o acompanhamento de projetos de formação.	MACHADO, Maria Lúcia de A.	FCC
16	Construindo o perfil de professores da rede pública de Niterói.	VASCONCELOS, Vera Ma. Ramos de; FERNANDES, Angela M. Dias	UFF
17	Creche em foco: integração com as famílias e formação de educadoras.	BRASILEIRO, Tula Vieira; PEREIRA, Rita Maria Ribes	Fundação Fé e Alegria do Brasil PUC-RJ
18	A Educação Infantil na pesquisa e as pesquisas sobre Educação Infantil: a trajetória da ANPEd (1990-1996).	ROCHA, Eloísa Acires Candal	UFSC

184 HELOISA HELENA OLIVEIRA DE AZEVEDO

22ª Reunião anual – 1999

Ref.	TÍTULO	AUTOR(ES)	INSTITUIÇÃO
19	A pedagogia dos pequenos: uma contribuição dos autores italianos.	GUIMARÃES, Daniela; LEITE, Ma. Isabel	PUC-RJ UNICAMP
20	A pedagogia e a Educação Infantil.	ROCHA, Eloísa Acires Candal	UFSC

23ª Reunião anual – 2000

Ref.	TÍTULO	AUTOR(ES)	INSTITUIÇÃO
21	A experiência de uma professora-pesquisadora no universo da Educação Infantil.	BRAGAGNOLO, Adriana	Profa. da Rede pública e particular do EF de Passo Fundo.
22	Desafios atuais da Educação Infantil e da qualificação de seus professores: onde o discurso e a prática se encontram.	ROSSETI-FERREIRA, Maria Clotilde SILVA, Ana Paula Soares	–
23	Salas de aula nas escolas infantis e o uso de brinquedos e materiais pedagógicos.	KISHIMOTO, Tizuko Morchida	USP
24	A Educação Infantil no município do Rio Grande/RS: caracterização das professoras.	SAYÃO, Déborah Thomé; MOTA, Maria Renata Alonso	FURG
25	Um estudo sobre o brincar infantil na formação de professoras de crianças de 0 a 6 anos.	RAMOS, Rosemere Lacerda	–

EDUCAÇÃO INFANTIL E FORMAÇÃO DE PROFESSORES **185**

24ª Reunião anual – 2001

Ref.	TÍTULO	AUTOR(ES)	INSTITUIÇÃO
26	Da educação pré-escolar à Educação Infantil: um estudo das concepções presentes na formação de professores no curso de pedagogia.	RIVERO, Andréa Simões	UFSC
27	Educação Infantil é ou não é escola no movimento de reorientação curricular de Florianópolis?	WIGGERS, Verena	UFSC
28	Grupos de formação – Análise de um processo de formação em serviço sob a perspectiva dos professores da Educação Infantil.	FERNANDES, Sonia Cristina Lima	UFSC
29	Necessidades formativas de professores de Educação Infantil.	AZEVEDO, Heloisa Helena Oliveira de; SCHNETZLER, Roseli P.	UNIMEP
30	Propostas Pedagógicas ou curriculares de Educação Infantil: para retomar o debate.	KRAMER, Sônia	PUC-RJ

25ª Reunião anual – 2002

Ref.	TÍTULO	AUTOR(ES)	INSTITUIÇÃO
31	A Educação Infantil nas universidades federais: questões, dilemas e perspectivas.	RAUPP, Marilene Dandolini	UFSC
32	As professoras de crianças pequenininhas e o cuidar e educar.	ÁVILA, Maria José Figueiredo	UNICAMP

Continua

25ª Reunião anual – 2002 – (*continuação*)

Ref.	TÍTULO	AUTOR(ES)	INSTITUIÇÃO
33	Cuidar de crianças em creches: os conflitos e os desafios de uma profissão em construção.	CUNHA, Beatriz Beluzzo Brando; CARVALHO, Luciana Fátima de	UNESP/ASSIS
34	Da orientação oficial à prática efetiva: o percurso de ações e ideias sobre a formação continuada do educador infantil.	TERCIOTTI, Adelci Hilda Mendes Marques; SCHNETZLER, Roseli P.	UNIMEP
35	Educação Infantil: espaço de educação e cuidado.	COUTINHO, Ângela Maria Scalabrin	UFSC
36	Vieses pedagógicos da Educação Infantil em um dos municípios brasileiros.	WIGGERS, Verena	UFSC
37	Indicadores para avaliação de contexto educacional em creche: articulando pesquisa pedagógica e formação professor.	ROCHA, Eloísa Acires Candal; STRENZEL, Giandréa Reuss	UFSC

26ª Reunião anual – 2003

Ref.	TÍTULO	AUTOR(ES)	INSTITUIÇÃO
38	A formação de professores da Educação Infantil: Em foco, a relação teoria e prática.	MICARELLO, Hilda Aparecida Linhares da Silva	PUC-RJ
39	Concepções de formação em serviço: uma pesquisa com profissionais de Secretarias Municipais de educação	MELLO, Maria Lucia de Souza; PORTO, Cristina Laclete	PUC-RJ

REFERÊNCIAS BIBLIOGRÁFICAS

ANGOTTI, M. *O trabalho docente na pré-escola – revisitando teorias, descortinando práticas.* São Paulo: Pioneira, 1994.

ARCE, A. Pedagogia da infância ou fetichismo da infância? In: DUARTE, N. (Org.). *Crítica ao fetichismo da individualidade.* Campinas: Autores Associados, 2004.

ARIÈS, P. *História social da criança e da família.* 1.ed. Rio de Janeiro: Guanabara, 1978.

ASSIS, R. A Educação Infantil dá retorno, *Revista Nova Escola,* p.23-5, maio 2000.

AZEVEDO, H. H. O. de; SILVA, L. I. C. Concepção de infância e o significado da Educação Infantil, *Revista Espaços da Escola 34,* Editora Unijuí, out.-dez. 1999.

BADINTER, E. *Um amor conquistado – o mito do amor materno.* Rio de Janeiro: Nova Fronteira, 1985.

BARBOSA, A. A. *A formação dos profissionais de creche*: a passagem de pajem a professora. Dissertação (Mestrado) – Faculdade de Educação da Universidade Metodista de Piracicaba, 1999.

BELLINGHAM, B. The History of Childhood Since the "Invention of Childhood": Some issues in the Eighties. *Journal of Family History,* New York, v.13, n.2, 1988, p.347-58.

BOGDAN, R.; BIKLEN, S. *Investigação qualitativa em educação – uma introdução à teoria e aos métodos.* Porto: Porto Editora, 1994.

BRASIL. *Critérios para um atendimento em creches que respeite os direitos fundamentais das crianças.* Brasília: MEC, 1995.

BRASIL. *Educação Infantil:* situação atual. Brasília: MEC, 1994.

_____. Estatuto da Criança e do Adolescente. Lei n.8.069/90, de 13 jun. 1990. São Paulo: CBIA-SP, 1991.

_____. Lei de Diretrizes e Bases da Educação Nacional. Lei n.9.394/96, de 20 dez. 1996.

_____. Ministério da Educação e do Desporto. Secretaria de Educação Fundamental. *Referencial Curricular Nacional para a Educação Infantil.* Ministério da Educação e do Desporto, Secretaria de Educação Fundamental. Brasília: MEC/SEF, 1998.

_____. Ministério da Educação e do Desporto. Secretaria de Educação Fundamental. Coordenação Geral de Educação Infantil. *Política de Educação Infantil – Proposta.* Brasília: MEC, 1993.

_____. *Política Nacional de Educação Infantil.* Brasília: MEC, 1994.

_____. *Por uma política de formação dos professores de Educação Infantil.* Brasília: MEC, 1994.

_____. *Referenciais para a Formação de Professores.* Brasília: MEC, 1999.

BUJES, M. I. E. *Governando a subjetividade:* a constituição do sujeito infantil no RCNEI. Anais, 24ª Reunião Anual da ANPEd, Caxambu, 2001.

CAMPOS, M. M. A formação de profissionais de educação infantil no contexto das reformas educacionais brasileiras. In: OLIVEIRA-FORMOSINHO, J.; KISHIMOTO, T. M. (Orgs.). *Formação em contexto:* uma estratégia de integração. São Paulo: Thomson Learning, 2002.

CAMPOS, M. M. Educar e cuidar: questões sobre o perfil do professor de Educação Infantil. In: *Por uma política de formação dos professores de Educação Infantil.* Brasília: MEC, 1994.

CAMPOS, M. M.; KRAMER, S.; KISHIMOTO, T. M.; ROCHA, E. A. C.; BUJES, M. I. E. *O GT Educação da criança de 0-6 anos:* alguns depoimentos sobre a trajetória. Trabalho Encomendado. Anais, 25ª Reunião Anual da ANPEd, Caxambu, 2002.

CARR, W. *Una teoría para la educación – hacia una investigación educativa crítica.* Madrid: Morata, 1995.

CERISARA, A. B. A produção acadêmica na área da Educação Infantil a partir da análise de pareceres sobre o Referencial Curricular Nacional da Educação Infantil: primeiras aproximações. In: FARIA, A. L. G.; PALHARES, M. S. (Orgs.). *Educação Infantil Pós-LDB:* rumos e desafios. Campinas: Autores Associados, 1999. p.19-50.

CONTRERAS, D. J. *La autonomía del profesorado.* Madrid: Morata, 1997.

CORAZZA, S. M. *Infância & educação – Era uma vez... Quer que conte outra vez?* Petrópolis: Vozes, 2002.

EDUCAÇÃO INFANTIL E FORMAÇÃO DE PROFESSORES 189

DEL PRIORE, M. *História da criança no Brasil*. São Paulo: Contexto, 1998.

FARIA, A. L. G.; PALHARES, M. S. *Educação Infantil pós-LDB*: rumos e desafios. Campinas: Autores Associados, 1999.

FREIRE, A. Formação de educadores em serviço: construindo sujeitos, produzindo singularidades. In: KRAMER, S. et al. *Infância e Educação Infantil*. Campinas: Papirus, 1999.

FREITAS, H. C. L. A reforma do Ensino Superior no campo da formação dos professores da educação básica: as políticas educacionais e o movimento dos educadores. *Revista Educação & Sociedade*, ano XX, n.68, p.17-44, dez. 1999.

GADOTTI, M. *História das ideias pedagógicas*. São Paulo: Ática, 1993.

GAGNEBIN, J. M. *Sete aulas sobre linguagem, memória e história*. Rio de Janeiro: Imago, 1997.

GARCIA, C. M. Pesquisa sobre a formação de professores: o conhecimento sobre aprender a ensinar. *Revista Brasileira de Educação*, n.9, set.-dez. 1998.

GIROUX, H. *Los profesores como intelectuales. Hacia una pedagogía crítica del aprendizaje*. Barcelona/Madrid: Paidós/MEC, 1990.

GOMES, J. *Para a história da educação em Portugal*. Porto: Porto Editora, 1986.

GÓMEZ, G. R.; FLORES, J.; JIMÉNEZ, E. G. *Metodología de la investigación cualitativa*. Málaga: Aljibe, 1999.

HAWES, J. M.; HINER, N. R. Introdução. In: *American Childhood*: A Research Guide and Historical Handbook. 2000.

HEYWOOD, C. *Uma história da infância*: da Idade Média à época contemporânea no Ocidente. Porto Alegre: Artmed, 2004.

IMBERNÓN, F. *Formação docente e profissional – formar-se para a mudança e a incerteza*. 8.ed. São Paulo: Cortez, 2010.

KISHIMOTO, T. M. Política de formação profissional para a Educação Infantil: Pedagogia e Normal Superior. *Revista Educação & Sociedade*, ano XX, n.68, dez. 1999.

KISHIMOTO, T. M.; OLIVEIRA-FORMOSINHO, J. (Orgs.). *Formação em contexto*: uma estratégia de integração. São Paulo: Pioneira, 2002.

KÖPKE, J. A instrução pública em São Paulo. *Jornal do Commercio*. Rio de Janeiro, 13 dez. 1896.

KRAMER, S. (Org.). *Com a pré-escola nas mãos – uma alternativa curricular para a educação infantil*. São Paulo: Ática, 1993.

_____. *A política do Pré-escolar no Brasil*: a arte do disfarce. Rio de Janeiro: Achimé, 1992.

KUHLMANN JR., M. *Infância e Educação Infantil*: uma abordagem histórica. Porto Alegre: Mediação, 1998.

LIBÂNEO, J. C. Reflexividade e formação de professores: outra oscilação do pensamento pedagógico brasileiro? In: PIMENTA, S. G.; GHEDIN, E. (Orgs.). *Professor reflexivo no Brasil – gênese e crítica de um conceito*. 2.ed. São Paulo: Cortez, 2002.

LISTON, D. P.; ZEICHNER, K. *Formación del profesorado y condiciones sociales de la escolarización*. Madri: Morata, 1993.

MALDANER, O. A. Concepções epistemológicas no ensino de ciências. In: SCHNETZLER, R. P.; ARAGÃO R. M. R. (Orgs.). *Ensino de ciências*: fundamentos e abordagens. Campinas: Capes/Unimep, 2000.

MARCÍLIO, M. L. A roda dos expostos e a criança abandonada na História do Brasil. In: FREITAS, M. C. (Org.). *História social da infância no Brasil*. São Paulo: Cortez, 1997.

MAYRING, P. *Einführung in die qualitative Sozialforschung*. 5.ed. Weinheim: Beltz, 2000.

MAZZILLI, S. *Educação Infantil*: da Constituição ao Plano Nacional de Educação. Palestra proferida a convite da OMEP, nov. 1999.

MONARCA, C. *Educação da infância brasileira – 1875-1983*. Campinas: Autores Associados, 2001.

OLIVEIRA, Z. de M. R. de. A universidade na formação dos professores de Educação Infantil. In: *Por uma política de formação dos professores de Educação Infantil*. Brasília: MEC, 1994.

PÉREZ GÓMEZ, A. O pensamento prático do professor: a formação do professor como professor reflexivo. In: NÓVOA, A. (Org.). *Os professores e sua formação*. Lisboa: Publicações Dom Quixote, 1992.

PIMENTA, S. G. Aspectos gerais da formação de professores para Educação Infantil nos programas de magistério – 2ª grau. In: BRASIL. *Por uma política de formação do professor de Educação Infantil*. Brasília: Ministério da Educação e do Desporto/Secretaria de Educação Fundamental, 1994.

PIMENTA, S. Professor reflexivo: construindo uma crítica. In: PIMENTA, S. G.; GHEDIN, E. (Orgs.). *Professor reflexivo no Brasil – gênese e crítica de um conceito*. 2.ed. São Paulo: Cortez, 2002.

POLLOCK, L. A. *Forgotten Children – Parent-Child Relations from 1500 to 1900*. Cambridge: Cambridge University Press, 1983.

PORTUGAL, G. *Crianças, famílias e creches – uma abordagem ecológica da adaptação do bebê à creche*. Porto: Porto Editora, 1998.

_____. Observação e planejamento de actividades no Jardim de Infância – Relatório de Disciplina. Departamento de Ciências da Educação/Universidade de Aveiro, 2001.

PORTUGAL. Ministério da Educação – Departamento de Educação Básica. Situação da Educação Infantil nos países membros da CEE. 1.ed. Lisboa: Unidade Nacional de EURYDICE, 74, 1990.

_____. Ministério da Educação. Departamento de Educação Básica. Núcleo de Educação Pré-Escolar. *Jardim de Infância/Família – Uma abordagem interativa*. 1.ed. Lisboa: Editorial do Ministério da Educação, 62, 1994.

_____. Ministério da Educação. Departamento de Educação Básica. Núcleo de Educação Pré-Escolar. *Orientações Curriculares para a Educação Pré-Escolar*. Lisboa: Editorial do Ministério da Educação, 1997.

ROCHA, E. A. C. *A pesquisa em Educação Infantil no Brasil – trajetória recente e perspectiva de consolidação de uma Pedagogia da Educação Infantil*. Florianópolis, UFSC, Centro de Ciências da Educação, Núcleo de Publicações, 1999. (Teses Nup 2)

ROSA, D. E. G. *Investigação-ação colaborativa sobre práticas docentes na formação continuada de formadores*. Tese (Doutorado em Educação) – Piracicaba, Unimep, 2003.

SACRISTÁN, J. G. Consciência e ação sobre a prática como libertação professor dos professores. In: NÓVOA, A. (Org.). *Profissão Professor*. Porto: Porto Editora, 1991. (Coleção Ciências da Educação)

SCHNETZLER, R. P. O professor de ciências: problemas e tendências de sua formação. In: SCHNETZLER, R. P.; ARAGÃO R. M. R. (Orgs.). *Ensino de ciências*: fundamentos e abordagens. Campinas: Capes/Unimep, 2000.

SCHÖN, D. *La formación de profesores reflexivos*: hacia un nuevo diseño de la enseñanza y el aprendizaje en las profesiones. Barcelona: Paidós, 1992.

_____. *The Reflective Practitioner*. New York: Basic Books, 1983.

SILVA, L. H. de A.; ZANON, L. B. A experimentação no ensino de ciências. In: SCHNETZLER, R. P.; ARAGÃO R. M. R. (Orgs.). *Ensino de ciências*: fundamentos e abordagens. Campinas: Capes/Unimep, 2000.

SOUZA, L. de M. O Senado e a Câmara e as crianças expostas. In: DEL PRIORE, M. (Org.). 5.ed. *História da criança no Brasil*. São Paulo: Contexto, 1998.

SPODEK, B. O. *Manual de Investigação em Educação de Infância*. Lisboa: Fundação Calouste Gulbenkian, 2002.

TARDIF, Maurice. *Saberes docentes e formação profissional*. 2.ed. Petrópolis: Vozes, 2002.

SOBRE O LIVRO
Formato: 14 x 21 cm
Mancha: 23,7 x 42,5 paicas
Tipologia: Horley Old Style 11/15
Papel: Offset 75g/m^2 (miolo)
Cartão Supremo 250 g/m^2 (capa)
1ª edição: 2013

EQUIPE DE REALIZAÇÃO

Capa
Megaart design

Edição de Texto
Elisa Andrade Buzzo (Copidesque)
Carmen Costa e Camilla Bazzoni de Medeiros (Revisão)

Editoração Eletrônica
Eduardo Seiji Seki

Assistência Editorial
Alberto Bononi

Impressão e Acabamento
FARBE DRUCK
gráfica e editora ltda.